壬辰年
杲岡俞炳利漢詩集

梨花文化出版社

杲岡 兪炳利

杲岡六一初度記念詩集序

我韓光復之後二 壬辰正月望日은 卽我漢詩學會友杲岡六一初度之日也라。杲岡之姓은 兪氏요 名은 炳利요 杲岡은 其號也니 杞溪人也라 始祖 諱三宰는 新羅朝에 官阿飡이니 後孫世居杞溪縣하야 是爲貫鄕也라 代代青紫烜赫으로 繼繼承承하야 至于朝鮮明宗朝하야 忠穆公 諱泓은 號松塘이요 官은 左議政이니 策錄光國功臣平亂功臣하고 封杞城府院君하니 德業勳烈이 著在國乘하다 寔爲公之十四代祖也오 於此可知有賢祖而生賢孫矣로다。是故로 文墨相繼하야 忠孝承傳하니 高門積德으로 遺陰無窮이로다 公生于京畿驪州하야 漢文受學于 道岩 曺國煥先生하고 書藝受業 如初 金膺顯先生하고 漢詩受講于洌上詩社와 成均館漢詩修鍊院 과 大韓漢詩學會하고 經歷則 杲岡書藝學院30年經營하야、優秀名筆多數輩出하고 現韓國書藝協會招待作家 및 理事와 書刻分科委員長과 審査歷任하고 韓國漢詩協會任員및 三淸詩社會長歷任과 九老書藝家協會長과 韓國書文會長과 辰墨會長하고 個人展五回開催하고 書藝書刻團體展審查와 展示數回하고 書刻有造詣하야 多數名品製作等 韓國書壇의 邁進中樞役割하고 漢詩界亦自作自筆展示하니 世俗所謂具備三絶하여 名筆。明匠。名文章을 可知也로다。與余蘭社晚交友로 詩筵同參하여 相從問學하니 詩書勤勉하야 日就月將으로 手不釋卷하고 畫宵揮毫盡力하니 豈不稱哉아 又 稟性安詳하야 不以世俗雜事로 亂其心志하고 三

昆弟中以仲으로 嚴親在鄕而自身在京하야 每患不能定省하고 隨時歸觀親前하야 盡誠侍奉數年하고 去秋而老患別世하시니 哀痛踰禮라 然而未盡孝心으로 恨在膺中하야 回甲感懷吟曰 風樹無成迓甲年이라하니 可測孝心이라 內篤孝友之實하야 以淑其身하고 外治事物之劇하야 以成其德이라 嗚呼라 公以君子之心으로 世人之富貴는 惟以脫然하고 衆人之利慾은 惟以淡然하고 惟以道義之巍然하야 爲生涯怡樂之事하니 豈不欣哉아 公이 曩日訪余于先農精舍曰 明年初六一初度記念으로 眷口皆出書藝作品하야 展示同參하고 自作漢詩數百首 및 祝詩蒐輯하야 出刊爲計而不無弁卷之文하니 暫借子臂力하라하니 余雖菲才淺識으로 不敢當也나 誼亦不敢辭하야 平日聞見之事를 大略如右敍之하노라。

2012년 1월 15일

大韓漢詩學會長 兢齋 **尹 烈 相** 謹識

고강육일초도기념시서집서

대한민국 광복이후 두 번째 임진년 정월 보름날은 우리대한한시회우 고강육일초도일이라. 고강의 성은 유씨요 명은 병리요 고강은 그 호니 기계인 이라. 시조의 휘는 삼재니 신라조에 관은 아찬이니 후손들이 기계현에 세거하여 관향을 삼았노라. 대대로 관작이 빛나게 이어져서 조선조 명종에 이르러 충목공 휘 홍(泓)은 호가 송당이요 관은 좌의정이니 광국공신과 평란공신에 책록되었고 기성부원군에 봉해지니 덕업과 후열이 국사에 나타났도다. 이분이 공의 십사대조요 여기에서 어진 선조가 계셔서 어진 후손이 있음을 가히 알리로다. 이런고로 슬과 슬씨로 이어와서 충과 효로 이어오니 고문의 적덕으로 끼친 음덕이 무궁하리라. 공이 경기도 여주에서 출생하여 한문은 도암 조국환선생께 수학하고 서예는 여초 김응현선생께 수강하고 한시는 열상시사와 섬균관한시수련원과 대한한시학회에서 수강하고 경력인즉 고강서예30년 경연하여 우수명필을 많이 배출하고 한국한시예협회 초대작가 이사와 서각분과위장과 심사를 역임하고 한국한시협회 임원 및 삼청시사장역임 구로서예가협회장과 한국서문회장과 개인전 5회를 개최하고 서예단체전 심사와 전시회를 수차역임하고 서각에 조예가 있어 많은 명품을 제작 하는 등 한국서단의 매진으로 중추역할을 하고 한시 계에도 또한 자작으로 자필로써 전시를 하니 세속에서 이른바 삼절을 구비하여 명필이요 명장이요 명문장을 가히 알겠도다. 나와 더불어 시선에서 늦게 사귄 벗으로 시연회 동참하여 서로 쫓아 묻고 배우며 시사에 근면하여 일취월장하고 손에는 책을 놓지 아니하고 밤낮으로 휘호하니 어찌 칭송하지 않으리오. 또 품성이 안상하여 세속에 잡된 일로써 그 심지를 어지럽히지 아니하고 삼형제 중에 둘째로 엄친께서는 고향에 계시는데 자신은 서울에 있어 혼정과 신성의 수발을 드리지 못함을 매양 근심하고 수시로 친전에 귀근하여 정성을 다해 시봉해온지 수년이고 지난 가을 노환으로 별세하시니 애통함이 예에 넘치도다. 그래도 효심을 다하지 못함으로 한이 흉중에 남아 있어 회갑 감회시에 수욕정이풍부지(樹欲靜而風不止) 자욕양이친부대(子欲養而親不待)를 즐여서 風樹無成迓甲年(풍수무아아갑년)이라 하였으니 가히 효친을 헤아리겠도다. 안으로 효우의 실천을 도타이 하여 그 몸을 맑게 하고 밖으로 사물의 어려움을 다스려서 그 덕을 이루었도다. 아! 공이 군자의 마음으로 세상 사람의 부귀함은 오직 탈연하고 많은 사람들의 이욕은 오직 담연하고 오직 도의로써 외연하여 생애에 즐거운 일을 삼으니 어찌 흔쾌하지 않으랴. 공이 접대 선농정사로 나를 찾아와 말하기를 명년이 나의 육십일세 되는 해 생일 기념으로 식구들이 다 서예작품을 내서 전시하는데 동참하고 자작한시 수 백수 및 축시를 수집해서 출간할 계획을 하였음에 책에 서문이 없을 수 없으므로 잠시 그대의 팔의 힘을 빌리라 하니 내가 비록 비재와 천식으로 감당치 못하나 의가 또한 감히 사양치 못하여 평일에 듣고 본 일들을 대략 우측과 같이 서술하노라.

대한한시학회장 금재 윤 열 상 근지

２０１２년 １월 １５일

序言

옛날 성인이 말씀하시기를 詩를 읽고 詩로서 자기의 뜻을 펼치게 되면 人性이 敎化되어 착한 이는 더욱 善良해 지고 惡한 이는 改過遷善하게 되어 世上 모두가 훌륭한 人品의 사람들로 가득 차다 하였다. 또한 孔子님께서 말씀하기를 詩 三百篇에 思無邪라 하였고 漢詩는 그 마음 흘륭한 사람의 感動을 주는 精神의 支柱로 선비는 물론 성과 庶民에 이르기까지 우리의 先賢들은 忙中閑에 風流를 즐기는 멋과 넓게 폭 넓혀가며 綿綿히 이어져 왔다. 그러나 解放以後 外來文化와 文明의 利己로 漢詩는 차츰차츰 그 命脈이 衰殘해지고 漢文敎育을 소홀히 하는 敎育政策에 餘波로 漢字를 工夫하는 者가 적어 國學發展에 重大한 錯誤를 일으키고 있어 漢詩가 斷絶될 危機에 놓여 있는 것이 現實입니다. 이런 中에 韓國漢詩協會가 創立되어 全國 곳곳에 詩會가 復興되 그나마 다행스러운 일이라 하겠다. 허나 漢詩敎育은 詩會에서 私敎育으로 公敎育을 통해 動과 靜을 배우고 固有의 風流를 이어가고 있는 實情에 있으므로 이제는 少時부터 學校에서 公敎育을 통해 動과 靜을 배우고 事物을 通해 보고 感想할 수 있는 餘裕의 精神을 길러 自然스럽게 先賢들의 모습을 본받아야 할 時期가 아닌가 생각됩니다. 필자 또한 私敎育을 通해 工夫하여 白日場大會에 參加하여 지내온 지 30여 년이라 더욱 公敎育의 必要하다고 生覺됩니다. 그간 10餘年間 詩會에서 工夫해온 詩와 國內外를 旅行을 하며 지은 五言絶句, 五言律詩, 七言絶句, 七言律詩, 祝詩, 追慕, 輓詞로 稚拙한 詩 400餘數가 비록 能熟한 詩는 아니지만 回甲祝詩 120首와 冊으로 엮어 저의 작은 痕迹을 남겨 後人에게 작은 보탬이 되고자 합니다. 앞으로 稚拙한 詩集에 序文을 써주신 兢齋 尹烈相 先生님께 感謝를 드리고, 저의 回甲을 맞이해 貴重한 玉稿를 주신 全國에 騷人님께 더욱 感謝를 드립니다. 또한 出版을 해주신 이화문화출판사 이홍연 사장님께도 아울러 感謝를 드립니다.

끝으로 騷人의 矜持를 가지고 늘 배운다는 信念으로 熱과 誠을 다 하고자 하오니, 江湖諸賢께 아낌없는 指導鞭撻을 바랍니다.

壬辰年(2012) 正月 望日

享樂齋에서 杲岡 兪 炳 利 記

登金剛山 / 53×20cm

尖尖一萬二千峯 登金剛山
珍景蓬萊近對逢 己丑夏日
欲詠今來山水睹 俞杲岡吟
形容恰似染絲繼

目次

五言絶句

新秋景 19
登金剛山 20
登上八潭(一) 21
登上八潭(二) 22
仲秋 23
春去 24
竹(一) 25
竹(二) 26
竹(三) 27
竹(四) 28
竹(五) 29
竹(六) 30
仲夏 31
梅 32
智潭先生古家訪問 33
登山 34
蘭 35
麗水到着有感 36
麗水有感 37
微笑 38
幸福 39
風竹 40
菊花 41
菊花滿發 42
梅花 43
蘭 44
松竹 45
登三清山 46
男兒立志 47
敬親 48
結實 49
勤學 50
近冊 51
正心 52
禾木水花 53
山中 54
人性 55
積德 56
秋月 57
秋聲 58
秋 59
清秋 60
慾室(回文詩) 61

五言律詩

瑞雪 65
獨島吾國土 66
竹 67
登三清山有感 68
碧溪水 69

七言絶句

多讀 73
鼓浪嶼有感 74
乙酉賀正(一) 75
乙酉賀正(二) 76
墨客 77
獨島我國土(一) 78
獨島我國土(二) 79
過三八線 80
金剛山 81
登金剛山 82
尋九龍瀑布 83
漢江遊覽船上 84
新加坡鳥公園 85
新加坡遊覽 86
學習 87
丙戌年三・一節 88
公州之歸京 89
板門店訪問 90
早春 91

題目	頁
新春 (一)	92
智潭先生聽生家	93
登泗川船津公園	94
河東有感	95
春風吹草笛	97
花春	98
春日卽事	99
詠寒雪	100
謹賀新年	101
丁亥年謹賀新年	102
暮春土雨	103
兵馬俑坑有感 (一)	104
兵馬俑坑有感 (二)	105
碑林有感	106
願南北統一	107
暮春淸夜	108
無心	109
獨逸出發有感	110
獨逸發機內有感	112
獨逸發機內有感	113
獨逸墨香招待展	114
韓獨墨香展開幕式	115
智潭先生村家朝	116
梅	
新春 (二)	117
韓中文化交流展	118
花春	119
禪行	120
冠岳山雨霽	121
餞春 (一)	122
餞春 (二)	123
仲夏	124
炎伏避暑	125
避暑	126
登觀白亭	127
巨文島有感	128
巨文島有感 (一)	129
白島有感 (二)	130
白島有感 (三)	131
白島颱風	132
白島瀾波	133
七百義塚有感	134
自適 (一)	135
自適 (二)	136
日本市街有感	137
大涌谷路程	139
大涌谷有感	140
蘆湖水遊覽	141
東京大橋夜景	142
第七回日中韓文化人展	143
登摩利山	144
世人情	145
濟州春景	146
濟州有感	147
己丑迎春	148
霜菊	149
梅花	150
雪松	151
竹	152
第8回中韓日文化人書藝展	153
第回中韓日展出發有感	154
黃浦江夜景	155
登三淸山	156
登黃山	157
西湖有感	158
頌馬尾	159
萬化方暢	160
春風	161
濟州行機內有感	162
濟州到着	163
茅島有感	164
	165
	166

杲岡六一初度記念詩集　10

孤立岩(외돌개)	167
漢拏山春景	168
狹路有感	169
朝天早旦	170
戀北亭	171
濟州有感	173
夜坐有感	174
古木花開	175
席毛島朝旦	176
仲秋佳節	177
清秋煎茶	178
仁川桂陽文化院尋訪	179
頌第十一回桂陽文化院書畵藝術大展	180
第九回韓日中文化人書藝展	181
梅花	182
孝親	183
文化研修有感	184
尋瑞山磨崖三尊佛像	185
海美邑城	186
秋情	187
晚秋	188
慾室(一)	189
慾室(二)	190

七言律詩

彈琴臺有感	193
武夷九曲有感	194
楓菊爭姸	195
暮秋卽事	196
瑞雪	197
冬至臨迫	198
冬至吟	199
嚴冬雪寒	200
讀端宗哀史有感	201
母親小祥悔	203
百蟲醒眠	205
獨島吾國土	206
東皇布德	207
寒食已過	209
餞春	210
花笑鳥啼	211
山水玲瓏	212
斷壺卽事	213
仲秋佳節	214
願南北平和統一	215
慶祝開天節	213
秋日卽事	214
閑居自述	215

吟軍浦八景(一)	216
吟軍浦八景(二)	217
立冬	218
落木江山(一)	219
落木江山(二)	220
願詩道復興	221
新年省墓	223
東君布德	224
伏蟄皆醒	225
立春大吉吟	226
故鄕春景(一)	228
故鄕春景(二)	229
漢江春望	230
漢江有感吟	231
暮春卽事	233
天下皆春	234
先農壇懷古	235
綠陰芳草勝花時(一)	236
綠陰芳草勝花時(二)	237
河東浦口有感	238
時事吟	239
崔顥『黃鶴樓』次韻	240
太宗雨	
閏月自適	
仲秋佳節	

蘆花如錦 ……………………………… 241
立冬已過 ……………………………… 242
瑞雪 …………………………………… 243
昨宵降雪 ……………………………… 244
謹賀新年 ……………………………… 245
祝大神高等學校15回同窓會・
　願崇祖慕賢 ………………………… 246
蘆花似雪 ……………………………… 247
嚴冬大雪 ……………………………… 248
立春大吉 ……………………………… 249
惜歲幽懷(一) ………………………… 250
惜歲幽懷(二) ………………………… 251
歲暮有感 ……………………………… 252
新春雅會 ……………………………… 253
徐到東風(一) ………………………… 254
徐到東風(二) ………………………… 255
鷹月迫頭(一) ………………………… 256
鷹月迫頭(二) ………………………… 257
農者天下之大本 ……………………… 258
暮春(一) ……………………………… 259
暮春(二) ……………………………… 260
觀始皇帝陵有感 ……………………… 261
敬老 …………………………………… 262
麥秋 …………………………………… 263
仲夏卽景 ……………………………… 264

陰下讀古書 …………………………… 265
願時和年豐 …………………………… 266
新秋迫頭(一) ………………………… 267
新秋迫頭(二) ………………………… 268
病月卽景 ……………………………… 269
勸學 …………………………………… 270
農者天下之大本(二) ………………… 271
光復節有感(一) ……………………… 272
光復節有感(二) ……………………… 273
仲秋佳節 ……………………………… 274
小春感懷吟 …………………………… 275
仁川逍遙 ……………………………… 276
丁亥大雪吟 …………………………… 277
高校同窓送年會感懷吟 ……………… 278
謹賀新年吟 …………………………… 279
嚴冬雪寒 ……………………………… 280
國寶1號崇禮門燒失有感(一) ……… 281
國寶1號崇禮門燒失有感(二) ……… 282
臘月迫頭 ……………………………… 283
歲暮有感 ……………………………… 284
歲時風習吟 …………………………… 285
新年感懷(一) ………………………… 286
新年感懷(二) ………………………… 287
新年感懷(三) ………………………… 288
月令之孟春 …………………………… 289
仲春攀頭 ……………………………… 290

今顧吾社六年 ………………………… 291
奉行先農大祭(一) …………………… 292
奉行先農大祭(二) …………………… 293
病月卽景 ……………………………… 294
陽春 …………………………………… 295
穀雨晚慶(一) ………………………… 296
穀雨晚慶(二) ………………………… 297
鳥啼花笑 ……………………………… 298
四月南風大麥黃 ……………………… 299
斯文振作(一) ………………………… 300
斯文振作(二) ………………………… 301
吟漢江夜景(一) ……………………… 302
吟漢江夜景(二) ……………………… 303
吟漢江夜景感懷 ……………………… 304
吟漢懷古 ……………………………… 305
泮宮雅會 ……………………………… 306
麥秋 …………………………………… 307
炎夏 …………………………………… 308
新凉漸生 ……………………………… 309
白露遇吟 ……………………………… 310
訓民正音 ……………………………… 311
祝訓民正音創製 ……………………… 312
晚秋佳景 ……………………………… 313
落木江山有感 ………………………… 314
至月三淸詩社吟 ……………………… 315

杲岡六一初度記念詩集　12

戊子歲暮兪京會	316
歲暮有感	317
迎新有感	318
迎新有感	319
初冬讀經史	320
梧秋卽景	321
春	322
初冬讀經書	323
三清洞雅會	324
登三清山	325
登黃山	326
庚寅新年吟	327
送舊迎新吟	328
庚寅迎新年吟	329
西冷印社有感	330
西湖有感	331
立春	332
賞梅	333
庚寅正月十五日	334
新春	335
願國泰民安	336
青春不再來(一)	337
青春不再來(二)	338
願先農壇復元	339
濟州島春景	340
九老文化院濟州研修	341
孝親日有感	342
孝親日有感	343
綠陰讀古典	344
初夏	345
陰下讀書	346
陰下讀古書	347
嘆國論分裂(一)	348
嘆國論分裂(二)	349
歡迎二十個國頂上會議(一)	350
歡迎二十個國頂上會議(二)	351
迎秋山河	352
新秋	353
秋日偶興(一)	355
秋日偶興(二)	356
孟春	357
時事吟(一)	358
時事吟(二)	359
春日書懷	360
農業先進化	361
三一節感懷	362
餞春(一)	363
餞春(二)	364
開心寺	365
尋安堅紀念館	
千里浦樹木園徘徊	366
萬里浦樹木園徘徊	367
白沙場港內晚餐	368
安眠島自然休養林徘徊	369
安眠島樹木園徘徊	370
忠義祠有感	371
看月庵有感	372
南延君墓有感	373
松山聖地有感	374
忠南文化研修感懷	375
餞春又吟	376
綠陰讀書吟	377
月夜登南山	378
新凉	379
立冬已過	380
雪景	381
臘月雅會	382

祝詩

祝韓日煎茶文化交流	385
第八回國際刻字聯盟展	386
海南書刻創立展	387
第二十回無等美術大展	388
第三回韓中交流展	389

第九回國際刻字聯盟新加坡展 …… 390
第1回國際釜山書藝展 …… 391
祝日煎茶文化交流 …… 392
祝月刊韓中書畵創刊 …… 393
第三回韓中書法交流展(一) …… 394
第三回韓中書法交流展(二) …… 395
頌中國國際書藝大展受賞者 …… 396
頌第5回中韓日文化人書藝展 …… 397
第十一回國際刻字韓國展 …… 398
頌東方研書會創立五十週年記念 …… 399
西安同行機內有感 …… 400
축하글+漢字文化百號出刊記念 …… 401
祝鹿洞書藝展 …… 402
千人招待作家展 …… 403
祝右谷金春子書展 …… 404
祝靑谷庵先生詩集發刊 …… 405
祝金姸兒冬季體典制覇 …… 406
祝第1回大韓民國詩書畵展覽會展 …… 408
第1回京畿道書會創立五十週年記念展 …… 409
祝東方硏書會創立五十週年記念 …… 410
頌第16回京畿道書會展 …… 411
受賞者西安同行旅行有感 …… 412
祝軍浦發展 …… 413
庇仁淸節祠文化財指定(一) …… 412
庇仁淸節祠文化財指定(二) …… 413

祝麗雲齋竣工(一) …… 414
祝麗雲齋竣工(二) …… 415
祝第17代李明博代大統領候補黨內當選 …… 416
祝第17代李明博代大統領候補選擧遊說 …… 417
祝第17代李明博代大統領當選 …… 418
祝第17代李明博大統領就任 …… 419
祝第49回昌明女子中高等學校卒業式 …… 420
頌昌明女子中高等學校功勞賞鳳凰賞受賞 …… 421
祝韓國書藝協會創立二十週年 …… 422
祝韓國書藝博物館開館記念 …… 423
祝韓國書藝協會創立十週年 …… 424
記念世界文字展 …… 425
祝한글+漢字文化創立十周年記念 …… 426
祝杞溪兪氏靑陵墓域貫革齋奉安式 …… 427
祝杞溪兪氏靑陵墓域貫革齋奉安式 …… 428
祝愼鏞郁校長功勞賞鳳凰賞受賞 …… 429
祠堂廣賢齋落成式 …… 430
祝九老時報(CHOSUN)創刊十週年 …… 431
祝第二十二代車大榮美協理事長當選 …… 432
頌李星九老區廳長就任 …… 433
頌友竹楊鎭尼先生 …… 435
頌友竹楊鎭尼先生書藝展 …… 436
祝農人先生書協首爾支會長當選 …… 437
祝三溪先生書協理事長當選 …… 438
吳岡書藝學院三十週年回顧 …… 439

壽宴

頌第1回京畿名唱林春姬院生 發表會 …… 440
頌嚴親八旬 …… 443
謹次春山先生米壽志感 …… 444
頌金秉漢查丈翁八旬 …… 445
頌素嚴朴喜宅翁長八旬 …… 448
頌家兄炳植回甲 …… 449
頌朴鎔益姨母夫人古稀感懷吟 …… 450
和兢齋尹烈相古稀感懷吟 …… 452
頌三從兄柳暎烈先生回婚 …… 453
祝祝三從山金熙睦先生古稀 …… 454
頌朴淳軒金熙駿古稀 …… 455
頌菜軒金熙駿古稀 …… 455
頌兪再從兄淑傘壽宴 …… 456
祝林栽英先生傘壽宴 …… 457
祝叔母八旬宴 …… 459
頌兪道山崔載閏先生 …… 459
頌溪山崔載閏先生八旬 …… 459
頌兪永培先生古稀 …… 460
頌張順任女史白壽筵 …… 461
頌晩悟李般基先生八旬 …… 462
頌松岡朴明熙先生古稀 …… 462
祝 朴花子女士回甲 …… 463

頌南樸丁相豪先生七旬 464
家門得長孫 465
祝壽(一) 466
祝壽(二) 467
祝壽(三) 468
祝壽(四) 469

追慕・輓詞

頌訥齋梁誠之先生追慕展 473
頌素庵玄中和先生追慕 474
追慕鶴山愼祐範先生十週忌‧ 475
輓金公明會外叔靈前 476
輓如初金膺顯先生靈前 477
輓農山鄭充洛先生 478
頌訥齋梁誠之先生 480
玄岩先生祖母輓詞 481
頌訥齋梁誠之先生 482

杲岡兪炳利回甲展感懷

杲岡兪炳利回甲展感懷原韻 486
土偶 姜大熙 487
丁木 姜世煥 488
大林堂 高光桓 489

錦坡 高柄德 490
竹齋 具滋弘 491
南斗 權東奎 492
東湖 權相穆 493
東河 權良植 494
篤亭 金教昌 495
仙省菴 金基憲 497
惠山谷 金東權 498
龍溪 金斗洙 499
秀峰 金容奎 501
彦舟松 金炳仁 502
雨仟 金柳延 503
茂松 金在吉 504
虛岡 金在德 505
槿江 金正國 506
月雅 金鍾洛 509
栖山 金眞熙 510
竹齋 金靖斗 511
溪巖 金泰元 512
黙軒 金宅春 513
青湖
清雲

素剛 金弘洙 514
星明 金洪義 515
圍泉 金禧東 516
清溪 南圭鳳 517
青岩 南基植 518
蘇溪 南秉權 519
青亭 南相一 520
青潭 南碩祐 521
林山 南仲修 522
松巖 南星箕 523
竹山 南仁修 524
白樵 南泰亨 525
亭岩 南必熙 527
裸木 南渾 528
厚岩 盧載九 529
翠堂 羅龍姬 531
玉壽 柳東烈 532
智巖 柳壽會 533
竹史 柳寅洛 534
晴園 柳馥在 535
白巖 文相鎬 536
雨白堂
友堂 朴文鎬 537

青岩 朴相煥	538
奉亭 朴進	539
若軒 朴龍淳	540
松石 朴遇翰	541
平翰 朴源益	542
素賢 朴鍾元	543
光元 裵然善	544
蘭谷 裵順赫	545
雲山 白樂祚	546
斗溪 徐太禹	547
章溪 蘇秉澤	549
玄岩 蘇秉敦	550
時儂 宋源昌	551
愚隱 辛在民	553
晚齋 辛恒雨	554
隱谷 安秉煥	555
吁堂 安致漢	557
野松 安永鐸	558
青庵 吳永德	559
修庵 吳外銖	560
松峯 禹東鎬	561
道菴 俞吉植	
松岩 俞內濟	562
書村 俞德善	563
一竹 俞德濟	564
秋江 俞炳圭	565
松泉 俞完濟	566
春坡 俞永童	567
蒼齋 俞永培	568
老村 尹秉國	569
兢齋 尹烈	570
後石 李圭桂	571
冶石 李南相	572
每泉 李光善	573
小艸 李壽牧	574
黙軒 李相仁	575
月浦 李泳雨	576
光田 李元駿	577
樵 李一義	578
迂耕 李長影	579
松隱 李正春	580
頤山 李鍾植	581
佳林 李重寓	582
又泉 李虎教	583
星巖 林穆	584
松原 張極允	585
德山 張相閏	586
荷潭 全圭昌	587
素齋 丁奎采	589
梧鳳 鄭得愛	590
翠松 鄭相鎬	591
清軒 鄭鳳七	592
蒼巖 鄭在培	593
牛耕 諸明秀	594
修堂 曹校煥	595
如泉 趙晟弘	
昶海 趙漢澤	597
滄海 車周熙	598
錦泉 池載鴻	599
韶史 蔡完植	600
省齋 蔡舜燮	602
又耕 崔東燮	603
溪山 崔載閏	604
小峯 許範亮	605
松巖 洪東枸	606
鳳皐 黃龍坤	

果岡六一初度記念詩集 16

五言絕句

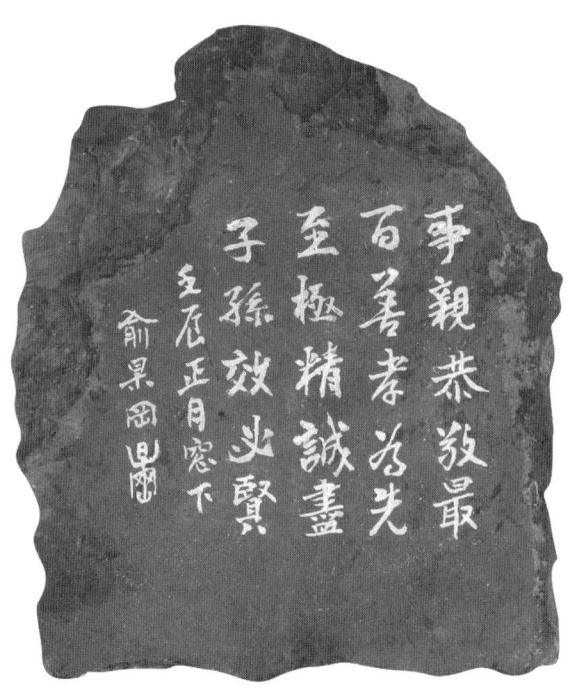

敬親 / 18×13cm

新秋景

甲申年(2004) 九月

金風朝夕爽
五穀瑞光肥
四野黃波展
靑山欲染徽

가을바람 조석으로 시원하니、
오곡은 상스러운 빛에 살찌네。
온 들에 황금물결 펼쳐지니、
청산은 곱게 물들고자 하네。

登金剛山

夢念蓬萊陟
果然天下元
眼前如畵展
佳興好無樽

乙酉年(2005) 七月 辰墨會

꿈에 그리던 봉래산에 오르니,
과연 하늘아래 으뜸이로다.
눈앞에 절경 그림같이 펼쳐지니,
가흥에 술이 없어도 좋구나.

登上八潭(一)

八潭登疾走
如畵萬峯充
仙境無仙女
風光動水中

乙酉年(2005) 七月　辰墨會

상 팔담을 질주하여 오르니、
그림 같은 만봉만 가득하네。
선경에 선녀는 있지 않고、
금강에 경치만 수중에서 아른거리네。

登上八潭 (二)

八潭登仰俯
四海峻峰敷
足下雄銀柱
毘盧秘境圖

乙酉年(2005) 七月　辰墨會

상 팔담 올라 굽어보니,
사해에 준봉이 펼쳐지네.
발아래 구룡폭포 웅장하고,
비로봉의 비경이 그림이로다.

仲秋

丙戌年(2006) 九月

清風明月迓
碧落雁高飛
景物山河艶
秋光五穀肥

청풍이 밝은 달을 맞이하니、
푸른 하늘 기러기 높이 날고。
산하에 풍물은 곱게 물들어、
가을빛에 오곡이 살찌네。

春去

花落草香在
地衣艷四隣
鳥啼流水聽
騷客詠過春

丁亥年(2007) 四月

꽃 지고 풀 향기 그윽하니、
지의가 사린에서 곱구나。
새 울고 물소리 들으며、
소객은 봄 지남을 읊네。

竹(一)

丁亥年(2007) 五月

青空向竹直
本是長虛心
君子威風志
深山似靜林

푸른 하늘을 향해 죽이 곧은 것은,
태초부터 마음 비워 자랐기 때문이요.
군자의 위풍당당한 굳은 뜻은,
깊은 산에 고요한 숲과 같으니라.

竹 (二)

丁亥年(2007) 五月

抱節虛心直
凌雲之志同
凜嚴君子態
寂寞似山中

절개를 안고 마음 비워 서있는 것은,
구름을 뚫고 세상 밖을 초탈한 것과 같네.
위풍이 늠름한 군자의 태도는,
고요한 깊은 산속과 같으니라.

五言絶句 26

竹 (三)

脩竹虛心綠
萬年抱節生
欲言其雅景
君子似音聲

丁亥年(2007) 五月

수죽은 마음 비워 푸르러도、
만년동안 절개를 앉고 사네。
그 아경을말 하고자 하니、
군자의 음성과 같으니라。

竹 (四)

脩竹溪邊綠
青松峻嶺同
凜嚴君子態
寂寞似山中

丁亥年(2007) 五月

수죽은 계변에서 푸르니,
청송도 준령에서 푸르네.
름엄한 군자의 태도는,
적막한 산속과 같으니라.

竹 (五)

丁亥年(2007) 五月

孤竹千年綠
奇花十日紅
凜嚴君子志
廣闊似高空

외로운 대라도 천년 푸르고,
기이한 꽃이라도 십일 붉어.
위풍이 늠름한 군자의 뜻은,
넓고 넓은 하늘과 같으니라.

竹(六)

丁亥年(2007) 五月

脩竹飆風到
虛心不折纖
凌雲其氣概
天性具方廉

수죽에 폭풍이 몰아쳐도,
마음비어 가늘어도 꺾이지 않네,
구름을 뚫는 그 기개는,
천성이 방정과 청렴하기 때문이다.

仲夏

丁亥年(２００７) 六月

蒸炎鑠石似
額汗自然流
搖扇登樓閣
凉風亦遠愁

돌을 녹이듯 무더운 여름에,
이마에 땀 자연히 흐르네.
부채질 하며 누각에 오르니,
양풍에 근심 또한 멀어지네.

智潭先生古家訪問　丁亥年(2007) 六月

日暮村家到
如鄉古趣嘗
土香房滿裏
勸酒夜深忘

해질 무렵 촌가에 이르니,
고향 같은 고취를 맛보네.
흙 향기 가득한 방 속에서,
권주에 밤 깊음을 몰랐네.

梅

戊子年(2008) 二月

雪裏其身著
風波世態臨
一生香不賣
君子本來心

눈 속에서 그 몸 드러내,
모진 풍파 세태에 임했네.
일생 향기를 팔지 않는,
본래 군자의 마음이니라.

蘭

戊子年(2008) 二月

芝草蘭苞笑
柔和瑞氣流
文士君欲友
吟詠待登樓

지란의 꽃봉오리가 열리니,
온화한 서기가 흐르네.
문사는 그대를 벗하고자,
시를 읊어 누대에서 기다리네.

登山

戊子年(2008) 十二月

登山觀四海
清水曲流康
無主留仙境
世情難盡量

산에 올라 사해를 바라보니,
물은 굽이굽이 흘러 편안하구나.
주인 없는 선경에 홀로 머무니,
세상 정 다 헤아리기 어렵구나.

麗水到着有感

徹夜因車訪
飽聞麗水名
遊船書客待
碧海樂朝迎

戊子年(2008) 八月 서울支會 麗水探訪

밤새 차로 인해 찾은 곳은,
많이들은 여수의 이름이네.
유람선은 서예인 가다리고,
벽해는 아침을 맞아 즐겁네.

麗水有感

麗水黎明到
雲中碧海呈
眼前多島展
諸客喜船聲

戊子年(2008) 八月 서울支會 麗水探訪

여수를 이른 새벽에 이르니,
구름 속에 벽해를 드러내네.
눈앞에 많은 섬 펼쳐지니,
나그네 뱃소리에 기뻐하네.

微笑

衷款無邪惡
自然萬事成
恒時知足樂
何處享光榮

己丑年(2009) 七月

마음속에 사악함이 없다면,
자연히 만사가 이루어지고。
항시 만족함을 알아 즐기면,
어디에서나 광영을 누리리。

幸福

己丑年(2009) 七月

人生不息勉
萬事自成全
知足心安樂
終于幸福連

사람이 쉬지 않고 부지런 하면,
만사 모두가 스스로 이루어지고.
만족을 알아 마음이 안락하면,
마침내 행복으로 이어지느니라。

風竹

颱風脩竹到
敝裂葉枝貞
世亂心君子
常青不變名

己丑年(2009) 七月

태풍이 긴 대나무에 이르러도,
엽지가 헤어지고 찢어져도 곧네.
세상이 어지러워도 군자의 마음은
늘 푸르러 변치 않는 이름이니라.

菊花

己丑年(2009) 七月

菊花香氣散
無主受郊慈
正色黃爲貴
天姿白赤奇

국화의 향기가 천지에 흩어지니,
주인 없는 들에서도 사랑을 받네.
순수하고 정결한 황색도 귀하지만,
타고난 흰색 붉은 색도 기이하네.

菊花滿發

己丑年(2009) 七月

菊花山野發
蜂蝶自飛來
騷客其香嗜
數吟錦軸栽

국화가 산야에서 만발하니,
벌 나비 스스로 날아오고.
시인은 그 향기 즐기어,
자주 읊어 시축에 담네.

梅花

己丑年(2009) 七月

梅枝花滿發
姿態美如娘
惟獨文人愛
歲寒不賣香

매화 가지에 꽃이 만발하니,
자태가 아씨 같이 아름답네.
유독 문인이 사랑하는 것은,
세한에도 향을 불매하기 때문이다.

蘭

己丑年(2009) 七月

蘭花香氣吐
萬里六幽貽
自古稱君子
騷人數詠詩

난 꽃이 향기를 뿜으니、
천지 만리까지 끼치네。
옛 부터 군자로 칭해、
소인은 시를 자주 읊더라。

註 :: 六幽 :: 천지사방끝、세계의 방방곡곡

松竹

丁亥年(2009) 七月

老松常綠凜
烏竹每青高
不語威嚴振
木中稱士豪

늙은 소나무 항상 푸르러 늠름하고,
검은 대나무는 푸르러 고귀하네。
말이 없어도 그 위엄을 떨치니,
나무 중에 선비 같은 호걸로 칭하더라。

登三清山

聽語三淸陟
森羅萬象懷
雲中其景在
不見莫言佳

註 : 三淸山 : 중국에 있는 산

己丑年(２００９) 十二月 第8回 韓中日展

말로 듣던 삼청 산에 오르니、
온갖 삼라만상을 품고 있네。
구름 속에 그 절경이 있으니、
보지 않고 아름다움을 말 하지 말라。

五言絶句

男兒立志

己丑年(2010) 五月

蕾綻花香吐
池成水灣停
男兒雄志立
人世振名銘

꽃은 봉오리가 터질 때 향기를 토하고、
물은 못을 이룰 때 물 소리가 그친다。
사나이가 큰 뜻을 세워 이루면、
세상에 이름을 새겨 떨치느니라。

敬親

己丑年(2010) 五月

事親恭敬最
百善孝爲先
至極精誠盡
子孫效必賢

어버이 섬김에 가장 큰 공경은,
백가지 선중에 효가 제일 먼저네.
어버이에게 지극정성을 다하면,
자손들 어짊을 반드시 본받으리.

結實

庚寅年(2010) 五月

小木春花發
至秋必實收
癡人勤學勉
其福自來留

어린 나무라도 봄에 꽃이 피면、
가을에 반드시 열매를 거두고。
어리석은 사람도 배움에 힘쓰면
그 복이 스스로와 머무르리라。

勤學

細枝花有發
其實必收秋
愚者勤工勉
終來自遠愁

庚寅年(2010) 五月

어린 가지라도 꽃이 피어 있으면,
그 열매를 반드시 가을에 거두고,
어리석은 자라도 배움에 힘쓰면,
마침내 근심이 스스로 멀어진다。

近冊

庚寅年(2010) 五月

恒常勉近冊
白髮不爭時
賢者娛徒食
終來得大悲

늘 책을 가까이 하는데 힘쓰면,
백발에도 때를 다투지 않네.
어진자도 먹고 노는데 즐기면,
마침내 큰 슬픔을 얻으리라.

禾木水花

庚寅年(2010) 五月

熟禾黃低頸
結木實枝剛
成水池停濤
綻花蕾吐香

벼가 누렇게 익으면 고개를 숙이고,
나무에 열매를 맺으면 가지가 강하네,
물은 못을 이룰 때 물소리를 그치고,
꽃은 봉오리가 터질 때 향을 토한다.

正 心

庚寅年(2010) 五月

花香千里到
人性萬年連
自古心身正
平生地位全

꽃의 향기는 천리를 이르고,
사람의 성품은 만년 잇는다.
예부터 몸과 마음이 바르면,
한평생 지위가 온전하리라.

山中

青山圍草屋
雲帶峻峰連
閒坐吟詩裏
何間響哭鵑

庚寅年(2010) 五月

청산은 초옥을 둘러싸고,
구름 띠는 준봉을 이었네.
한가하게 앉아 시 읊는 속에,
어느새 두견이 소리 울리네.

人性

庚寅年(2010) 五月

酒臭房中發
水聲四野連
花香千里到
人性萬年傳

술의 냄새는 방안에서 풍기고,
물소리는 산과 들을 잇는다.
꽃의 향기는 천리를 이르지만,
사람의 성품은 만년을 전한다.

積德

庚寅年(2010) 五月

花發無蜂蝶
其佳不盡香
惡人成積德
後世振名揚

꽃이 피었어도 벌 나비가 없음은,
그 아름다운 향기가 부진함이요.
나쁜 사람도 덕을 쌓아 이루면、
후세에 이름을 떨쳐 날리리라。

五言絶句　56

秋月

辛卯年(2011) 十月

萬物淸風弄
秋江不染塵
高山孤月一
天地照明親

청풍이 만물을 희롱해도,
추강은 티끌에 물들지 않네.
높은 산 외로운 달 하나가,
천지를 밝게 비춰 친하네.

秋聲

辛卯年(2011) 十月

明月高山吐
清風萬里縈
千江含碧落
天地已秋聲

밝은 달 높은 산에서 토해내니,
맑은 바람 만리에 엉키네。
천강에 푸른 하늘 머금으니,
천지는 이미 가을소리 내네。

秋

清風明月弄
秋水染無塵
萬里江山艷
自然造化因

辛卯年(2011) 十月

청풍이 명월을 희롱해도、
가을물 티끌에 물들지 않네。
만리 강산이 고운 건、
자연의 조화로 인한 것이데。

清秋

辛卯年(2011) 十月

清風明月弄
蘆岸雁斜飛
四野黃雲染
江山似繡徽

청풍이 밝은 달을 희롱하니,
갈대언덕을 기러기 비껴 나르네.
온 들이 누런 물결로 물드니,
강산이 수놓은 것 같이 아름답네.

慾窒(回文詩)

辛卯年(2011) 十月

慾窒敗亡無
無愁知滿足
足恭尙沓貪
貪棄消沈慾

욕심을 막으면 패망도 없고,
만족을 알면 근심도 없다。
족공은 오히려 탐냄에 있으니,
탐냄을 버리면 욕심도 없다。

註 : 足恭 : 지나치게 공손함

魂 / 65×30cm

五言律詩

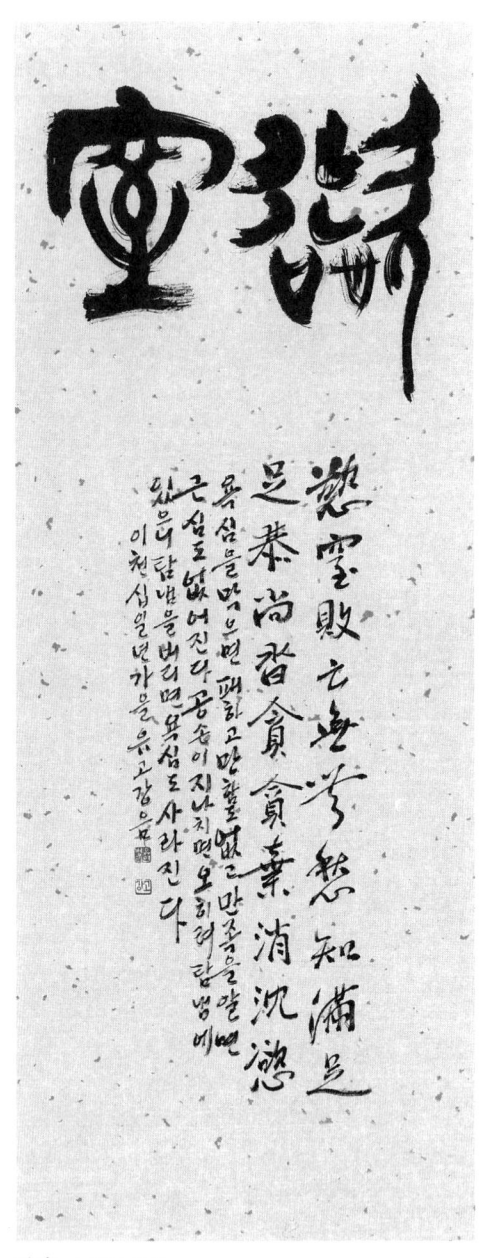

慾室 / 60×23cm

瑞雪

甲申年(2004) 十二月

瑞雪埋塵潔
白花裸木生
廣坪銀世界
蓋岸玉宮城
送舊星河曚
迎新日月明
江山天地美
但願稔年成

서설이 티끌을 묻어 깨끗한데,
벌거벗은 나무에 흰 꽃이 피었네.
넓은 들에 펼쳐지니 은세계요,
둑을 덮으니 옥으로 된 궁성이네.
묵은해 보내는 은하가 어두워지니,
새해를 맞이하는 해와 달은 밝네.
강과 산과 천지가 아름다우니,
다만 풍임을 이루기를 원할 뿐이네.

獨島吾國土

乙酉年(２００５) 三月

忽然當怪誕
倭寇妄言賡
强盡蒼天怒
冤翻碧海驚
重明吾國土
廣確世人聲
貪慾島夷性
古來稱盜名

홀연히 괴이한 소리에 당하는 것은
왜구의 허망한 말로 늘 이어짐이요.
억지에 푸른 하늘이 진노를 다하니,
원통한 푸른 바다도 놀라서 뒤집히네.
거듭 나의 나라 국토임을 밝히고,
널리 펴 세인의 소리로 확인하네.
남의 섬을 탐내는 오랑캐의 섬품은,
옛날부터 도둑으로 칭하는 것이니라.

五言律詩

竹

丁亥年(2007) 五月

青空向直立
本是長虛心
嘉形千年綠
奇花十日紅
凌雲其氣槪
不語振威嚴
何處無孤凜
深山若靜聲

푸른 하늘을 곧게 서 향하니,
태초부터 마음 비워 자랐기 때문이요,
아름다운 그 형상 천년 푸르고,
기이한 꽃이라도 십일 동안 붉네.
구름을 뚫는 그 기개는,
말이 없어도 위엄을 떨치네.
어느 곳에든 외롭지 않고 늠름해
깊은 산에 고요한 소리와 같으니라.

登三淸山有感

己丑年(２００９) 十二月 第8回 韓中日展

三淸登頂睇
雲海碧空屛
疊疊山中險
回回棧道寧
奇松靑似竹
怪石白如靈
到處連仙境
充心絶景銘

註 : 三淸山 : 중국에 있는 산

삼청 산 산상을 올라 보니、
운해는 푸른 하늘의 병풍이요。
첩첩 산속은 험한데、
돌고 도는 잔도는 편안하네。
기송은 죽같이 푸르고、
괴석은 신령같이 희네。
이르는 곳마다 선경으로 이어져、
절경을 마음에 담아 새기리。

碧溪水

甲申年(2004) 二月

月色三更滿
無煙似燭光
窈窕之臥色
枕肱不忘香
閒暇花房裏
樂娛雲雨常
器成流淚水
已業別星霜
一次君離別
相逢日杳茫
又今何處遇
微感復承量

밤에 가득한 달빛은
연기 없는 촛불이요.
팔베고 누운 미인은
오매불망 내 님 일세.
호젓한 방에서
운우지락 즐거운데
루수 그릇 다하여
어느새 이별인가!
그대 한 번 작별하면
만날 길이 아득해라
이제 또 어느 곳에서 만나
미진한 감정을 이어 보랴.

※ 이 시는 황진이 영화에 제작 때 시를 지어 벽계수가 황진이 치마에 쓰는 장면을 대필.

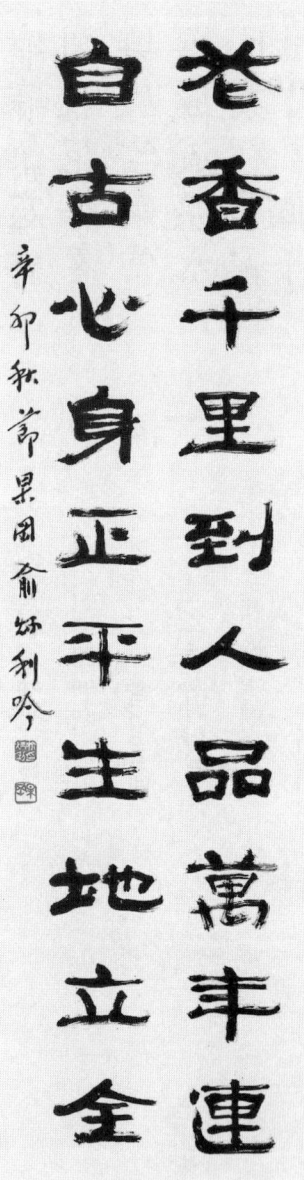

人性 / 135×46cm

七言絕句

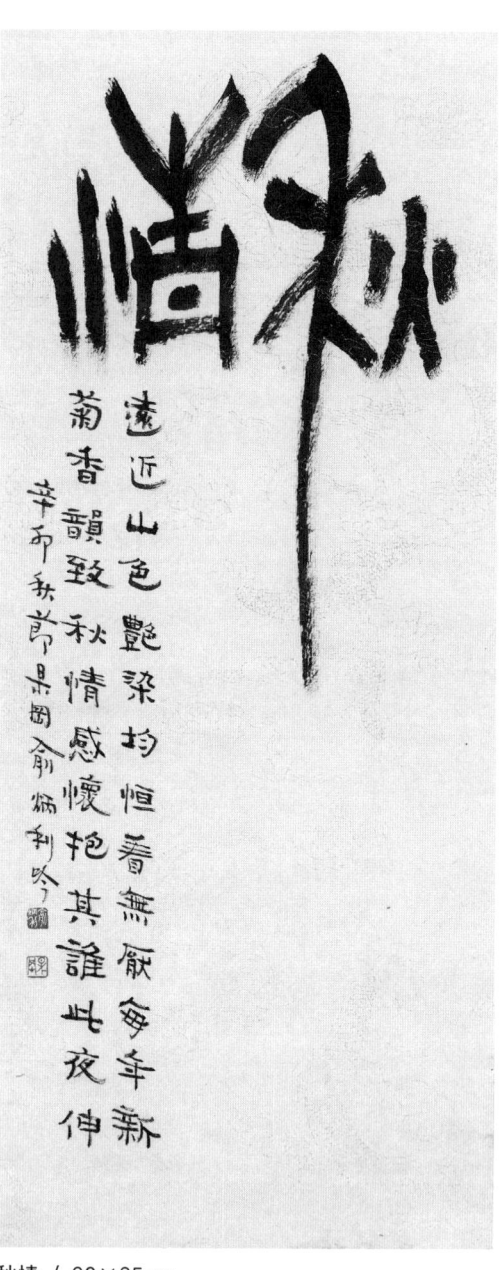

秋情 / 60×25cm

多 讀

甲申年(2004) 十月

多讀文人靈智溢
少看詩客感通飢
今時好語千年訓
古昔良書萬世師

많이 읽는 문인은 지혜가 넘쳐나고,
적게 보는 시인은 감통에 굶주린다.
지금의 좋은 말은 천년의 교훈이요,
옛날에 좋은 책은 후세에 스승이네.

鼓浪嶼有感

甲申年(2004) 十月　國際刻字聯盟

靈區鼓浪海邊新
探景遊人談笑親
音律洋琴無限樂
暮烟挑興客忘歸

영주에 고량섬 경치가 해변이 새롭고、
경치를 찾는 관광객은 담소로 친하네。
피아노의 음율 흘러 한없이 즐거운데、
모연도흥에 객은 돌아갈 줄 모르네。

註 : 鼓浪嶼 : 中國 廈門市에 있는 섬

乙酉賀正 (一)

乙酉年(２００５) 一月

過年厚意獻深謝
乙酉迎新今禱榮
萬事亨通眞實願
全家壽福振英名

지난해 후의에 깊이 감사를 드리며,
을유 신년을 맞이하여 영화를 빕니다。
만사형통을 진실로 원하고 바라오니、
전가에 수복으로 영명을 떨치옵소서。

乙酉賀正(二)

乙酉年(2005) 一月

鐘聲除夜四隣響
已業迎新日月明
萬事亨通祈合掌
康寧禱福願安寧

제야의 종소리가 사린을 울리는데、
벌써 새해를 맞는 일월이 밝았습니다。
모든 일이 잘되기를 손 모아 빌고、
건강과 복을 빌어 안녕을 원하리。

墨 客

乙酉年(2005) 五月　回文詩

硯田遊墨客風流
墨客風流紙筆求
紙筆求貪詩覓句
貪詩覓句硯田遊

연전에 노니니 묵객의 풍류가 흐르고,
묵객의 풍류가 흐르니 지필을 구하네.
지필을 구하니 시를 탐내 글 구를 찾고,
시를 탐내 글 구를 찾으며 연전에 노니네.

獨島我國土(二)

乙酉年(2005) 三月

忽然倭寇妄言驚
反感精神自力賡
獨島原來韓國土
斯民戒爾莫論名

갑자기 왜구의 망언에 놀라니、
반일정신이 스스로 이어지네。
독도는 원래 한국의 땅이오니、
이 백성 경계하니 이름을 논하지 말라。

獨島我國土 (二)

乙酉年(2005) 三月

倭寇妄言民族驚
青天震怒海心膚
元來獨島三韓土
世上其誰敢盜名

왜구 망언에 온 국민은 놀라니、
하늘의 진노가 바다까지 이어졌네。
고대로부터 독도는 대한의 영토인데、
세상에 그 누가 감히 이름을 훔치나。

過三八線

金剛欲訪出三更
至曉高城霧散明
分界過墻縈萬感
鴻溝統一幾時成

乙酉年(2005) 七月 (長墨會)

금강산 찾아가고자 삼경에 출발하여、
고성에 새벽에 이르니 안개 흩어져 밝네。
분단의 삼팔선을 지나니 만감이 얽히는데、
남북은 어느 때에 통일을 이룰 것인가?

金剛山

乙酉年(2005) 七月　辰墨會

金剛自古秀何峯
遠近奇岩擬畵容
雲霧長風飛散盡
毗盧笒出碧空逢

금강산 예전부터 어느 봉이 빼어났는고、
원근의 기암은 그림과 비길 만하네。
구름안개는 장풍에 산발하여 없어지니、
비로봉 높이 솟아 푸른 하늘을 닿았네。

登金剛山

乙酉年(2005) 七月　辰墨會

尖尖一萬二千峯
珍景蓬萊近對逢
欲詠今時山水睹
形容恰似染絲縫

뾰족뾰족한 일만 이천 산 봉오리,
진경의 금강산을 가까이 대하네.
이제 시를 읊고자 산수를 보니,
흡사 실을 물들여 꿰매 것 같구나.

尋九龍瀑布

乙酉年(2005) 七月　辰墨會

九龍瀑布到階回
白柱莊嚴天下魁
樓閣久留周玩賞
銀河落水響如雷

구룡폭포에 층층계단을 돌아 이르니,
장엄한 물기둥 천하에 으뜸이로다.
누각에 오래 머물러 두루 완상하니,
은하수 같은 낙수가 우뢰같이 울리네.

漢江遊覽

漢江夜景兩邊呈
船上燈明旅客迎
友好韓中無極願
笑談勸酒吐心情

한강의 야경이 양변에서 드러내니、
선상에 밝은 등이 여객을 맞이하네。
한중의 우호를 끝이 없기를 바라면서、
권주로 소담하며 마음의 뜻을 나누네。

乙酉年(2005) 九月　書協　韓中展

新加坡 鳥公園

乙酉年(2005) 十一月 國際刻字展

故國山川艷色爭
新加常綠美如英
神禽演出連嬉笑
答禮鸚聲碧落橫

註 : 新加城 : 싱가포르

고국의 산천은 고운 색을 다투는데,
신가파는 항상 푸르러 꽃같이 아름답네。
신비의 새 연출에 웃음소리 이어 지니,
답례로 앵무새의 노래가 창공을 비끼네。

新加坡遊覽船上 乙酉年(2005) 十一月 國際刻字展

新加到處夕陽還
蒼海波紋月色斑
夜景四隣挑酒興
瓊筵船上樂難刪

신가파 도처에 석양이 돌아오니、
푸른 바다 물결은 달빛에 얼룩이고、
사린의 야경이 주흥을 돋우는데、
선상 경연에 즐거움을 깎기 어렵네。

學習

乙酉年(2005) 十二月

五常習讀善心隆
九德研磨學識雄
順理仁風無限逐
明知世事聖賢通

오상을 익히면 착한마음이 융성하고、
구덕을 연마하면 학식이 뛰어나리。
인풍의 순리를 무한하게 쫓으면、
세상일 밝게 알아 성현과 통하리。

丙戌年三・一節

丙戌年(2006) 三月

憶古歡呼萬歲波
旗揚太極白衣歌
大韓獨立精神憶
其日喊聲豈不多

註 : 白衣 : 白衣民族

환호의 옛 생각 만세의 물결은、
휘날리는 태극기 민족의 노래요
대한의 독립정신을 생각하니、
그 때의 함성 어찌 많지 않겠는가?

公州之歸京

丙戌年(2006) 二月

公州江岸欲歸京
來去無車手語呈
過客不知欣快許
何時感謝報溫情

공주 금강 강변에서 귀경 하고자 하는데、
오고 가는 차 없어 손 흔들어 차를 세웠네。
알지도 못하는 과객에게 흔쾌히 허락하시니、
어느 때에 감사와 따뜻한 정을 갚을까?

板門店訪問

丙戌年(二○○六) 四月　國情院

名區境界悽無主
塵世沿邊幸有人
荒路板門輝瑞日
鴻溝鐵線闢芳春

명구 경계에 주인 없어 쓸쓸한데、
세진연변에 사람 있어 다행이네。
황량한 판문점엔 좋은 날 빛나니、
홍구 휴전선엔 꽃피는 봄이로다。

早春

丙戌年(2006) 四月

昨夜梅花細雨開
今朝蜂蝶訪香來
靈山到處連佳景
覓句騷人思故鄉

어제 밤에 매화가 세우에 피니
금조에 벌 나비 꿀 따러 오네.
영산 도처에 가경으로 이어지니
먹구 시인은 고향 생각 하누나.

智潭先生聽生家

丙戌年(2006) 四月

不見農場聽友人
山深鳥鳴處無塵
四隣似畫其仙境
烹芋何時味感珍

보지 못한 농장을 우인한테 들으니、
산 깊고 새우는 티끌 없는 곳이라네。
사린이 그림 같은 그 아름다운 곳에서
어느 때에 토란을 쪄서 진귀한 맛을 볼까?

登泗川船津公園

丙戌年(2006) 四月 刻愛會

船津海岸訪公園
滿發櫻花香氣元
白雪如飛天地白
壯觀此所野風吞

사천 해안 선진공원에 찾으니,
만발한 벚꽃 향기가 으뜸이네.
흰 눈이 날리듯 천지가 하얀데,
이 곳 장관을 들바람이 삼키네.

註 : 泗川 : 경남 사천

河東有感

蟾津兩岸仲春呈
梅落櫻梨艷色爭
風景與江無限繼
河東佳處豈忘名

丙戌年(2006) 四月 刻愛會

섬진강 양 언덕이 중춘을 드러내니、
梅花지고 벚꽃 배꽃이 색을 다투네。
풍경은 강과 더불어 끝없이 이어지고、
아름다운 하동의 이름을 어찌 잊으리。

春風吹草笛

丙戌年(2006) 四月

春風寒氣遠無音
萬物蘇生雁北臨
江岸垂楊搖動際
吹園草笛復寬心

봄바람에 한기는 소리 없이 멀어지니,
만물이 소생하여 기러기 북으로 임했네.
강 언덕 수양버들 한들거리는 때에,
동산에서 풀피리 부니 동심으로 돌아가네.

花春

丙戌年(2006) 四月

乾坤佳景欲樓登
煙靄山川瑞氣凝
騷客傾樽無限樂
開花滿發好香增

건곤 경치 누대를 오르고자 하니,
아지랑이 산과 내에 서기가 어리네.
소객은 술통 기울여 한없이 즐거운데,
꽃이 만발하여 향기 더해 더욱 좋구나.

春日卽事

丙戌年(2006) 四月

陽春文酒訪香園
滿地韶光四季元
樹木萌芽花似艶
難忘騷客故鄕痕

양춘 문주 하고자 향원을 찾으니、
만지에 봄 경치 사계에 으뜸이네。
나무마다 새싹은 꽃 같이 고와서、
소인은 고향의 자취를 잊기 어렵네。

註 : 文酒 : 글과 술 시문을 짓고 술 마시는 일。

詠寒雪

丙戌年(2006) 十二月

青山到處白衣林
騷客登樓聽彈琴
四海埋塵銀界展
北風寒雪克詩吟

푸른 산 이르는 곳마다 흰 숲인데,
소객은 누대에 올라 탄금소리 듣고。
티끌 묻은 사해는 은세계로 펼치니,
북풍 한설을 시로 읊어 이기리。

謹賀新年

丁亥年(2007) 元旦

家國和平萬事亨
迎新戶戶瑞光明
過年厚意深深謝
丁亥高堂所願成

집과 나라가 화평하니 만사형통해、
집집마다 새해를 맞이하니 서광이 밝네。
지난해 후의에 깊이깊이 감사드리고
정해년 고당에 원하시는 바를 이루소서。

丁亥年謹賀新年　丁亥年(2007) 元旦

丙戌多難白雪埋
不忘好事久祈懷
恒常厚意寸心報
丁亥康寧萬福偕

병술년 많은 어려움을 백설에 묻고,
좋은 일 잊지 말고 오래 품으시길 바라며,
항상 두터운 뜻 촌심으로 갚아오니,
정해년에 강녕과 만복을 함께 하소서.

暮春土雨

丁亥年(2007) 四月

綠陰芳草自和親
到處山河日日新
土雨松花仙境覆
暮春絶景笑顔嚬

녹음방초가 스스로 화친해지니、
산하 도처가 나날이 새로워지네.
흙비 송화가 선경을 덮으니、
모춘 절경에 소안을 찡그리게 하네.

兵馬俑坑有感(一) 丁亥年(2007) 四月

兵馬俑坑歷訪回
始皇痕跡見知哉
地藏久久今生露
無主宮中客去來

병마용 갱의 역사를 찾아 돌아보니,
황제의 흔적 비로소 보고 알았네.
땅속의 세월 지금에 와 들어내니,
주인 없는 궁중에 객만 오고 가네.

兵馬俑坑有感(二) 丁亥年(2007) 四月

兵馬俑坑復訪來
始皇歷史又如開
二千痕迹一時顧
塑像地宮過去回

병마용갱을 다시 찾아오니,
황제의 역사가 또 열리는 것 같구나.
이천년의 흔적을 순간으로 돌아보니,
지하궁궐에 형상이 과거로 돌리더라.

註 : 塑像(소상) : 찰흙으로 만든 사람의 형상.

碑林有感

丁亥年(2007) 四月

復訪碑林十五年
記功字句古今連
往來旅客驚靑史
過去文明兩眼塡

비림을 다시 찾아 온지 십 오년、
공훈의 기록한 문자가 고금을 잇네。
오고 가는 여행객 역사에 놀라니、
과거의 문명을 두 눈에 채우네。

願南北統一

丁亥年(2007) 七月

分疆祖國欲崩壁
同族群心覓本莖
南北諧比希統一
東西盡力願和平

분경의 조국 장벽을 허물고자、
동족 군심으로 본줄기를 찾네。
남북은 화해로 통일을 바라고、
동서양도 힘 다해 평화를 원하는데。

暮春清夜

丁亥年(2007) 四月

綠陰芳草勝花時
柳織黃鶯豈不怡
清夜月光天地照
水田到處亂蛙吹

녹음 짙음은 향초가 꽃을 이기는 때에,
황앵이 유직하니 어찌 기쁘지 아니하랴.
맑음 밤 달빛은 천지를 비추는데,
물 논 도처에 개구리 소리 어지럽구나.

無心

丁亥年(2007) 九月

山水玲瓏萬感生
無雲碧落好無爭
景觀主客誰其境
只見眼前艶色橫

산수가 영롱하여 만감이 생기니,
구름 없는 푸른 하늘 다툼 없어 좋구나.
경치의 주인과 객은 그 누구의 경지인가?
다만 보이는 것은 안전에 절경만 비끼네.

韓獨墨香招待展

丁亥年(2007) 九月　韓國書藝協會

大韓文化柏林開
賀客高堂雲集來
皆壁墨香豊盛裏
兩邦友好地球栽

한국에 문화를 베를린에서 여니、
하객은 高堂에 운집하여 오네。
온 벽에 묵향이 풍성한 속에、
양국에 우호를 世界속에 심네。

註 : 柏林 : 베를린

獨逸出發有感

丁亥年(2007) 九月 韓國書藝協會

銀翼高飛到碧空
投心雲上似仙同
窓前絶景優無恨
德國行身豈喜窮

비행기 높이 날아 푸른 하늘 이르니,
운상에서 마음 던지니 신선과 같네.
창 앞에 절경은 끝없이 넉넉한데,
독일을 행하는 몸 어찌 기쁨을 다하랴.

獨逸發機內有感 丁亥年(2007) 九月 韓國書藝協會

飛機窓外展雲田
仙境遷心錦席筵
萬里旅程疲困累
有時放送不成眠

비행기 창 밖에 구름 밭 펼쳐져、
선경에 마음 옮기니 금석의 자리네。
만리 여행에 피곤이 얽히는데、
간간이 방송 소리에 잠을 이루지 못하네。

獨逸發機內有感

丁亥年(2007) 九月 韓國書藝協會

飛機窓外滿奇雲
仙境遊心豈不欣
將見柏林思念裏
夕陽晝夜欲區分

비행기 창밖은 기이한 구름 가득해
선경에 마음 노니 어찌 기쁘지 않겠나.
장차 볼 독일을 생각하는 속에、
석양은 주야를 나누고자 하네。

韓獨墨香展開幕式　丁亥年(2007) 九月 韓國書藝協會

韓國精神展柏林
墨香魂魄鼓鉦吟
揮毫一筆蘭交結
拍手來賓碧落臨

한국에 정신을 백림에서 펼치니,
묵향의 혼백을 북과 징이 읊네.
일필 휘호로 난교를 맺으니,
내빈의 박수소리 벽공에 임했네.

註∶柏林∶베를린을 말함。

獨逸有感

丁亥年(2007) 九月　韓國書藝協會

獨逸山河淑氣紅
秋光色艷吾邦同
崩頹障壁街衢示
南北何時統一窮

독일 산하도 숙기에 붉게 물드니、
추광에 고운 색 내 나라와 같구나。
붕괴된 장벽 거리에 전시를 하는데、
남북은 어느 때에 통일을 다하랴。

智潭先生村家朝

丁亥年(2007) 十月 강희식선생 촌가에서

晨起踏霜陟栗田
圍山雲霧百川連
蛛絲諱避芋阡至
葉裏玲瓏寶石眠

일찍 일어나 서리 밟아 율전에 오르니,
산을 외워 싼 안개는 백 천에 이어졌네.
거미줄을 피하여 토란 밭가에 이르니,
잎 속에는 영롱한 보석이 잠자고 있네.

七言絶句　114

梅

戊子年(２００８) 二月

雪中不屈露其身
飛散淸香無混塵
殘忍風波臨世態
凜嚴君槪似穿旻

눈 속에서도 굴하지 않고 그 몸 드러내니,
맑은 향기 흩어져도 티끌에 섞이지 않네.
모진 풍파와 세상 형편에 임하여도,
름엄한 그대의 기개는 하늘을 뚫는 것과 같네.

新 春 (二)

戊子年(2008) 三月

東皇布德起春風
階下梅花欲綻紅
萬地新芽甘雨長
雪消山谷有何窮

동황 포덕에 봄바람 일어나니、
뜰아래 매화는 붉게 피고자 하네。
만지에 새싹은 단비에 자라는데、
눈 녹은 산곡에 어찌 궁함이 있으리。

新 春(二)

戊子年(2008) 三月

山河溪谷到春風
雲散中天一點紅
遠近游絲昇碧落
花開佳景展無窮

산하 계곡에 봄바람 이르니、
운산 중천에 붉은 태양이 있네。
원근에 아지랑이 벽공을 오르니、
꽃피는 가경이 끝없이 펼쳐지네。

韓中文化交流展

戊子年(2008) 三月

兩國蘭交威海迎
因緣翰墨大功成
無言筆答和親裏
文化東洋世界賡

註∷威海∷중국 위해시

양국의 난고를 위해서 맞이하니、

한묵의 인연으로 대공을 이루네。

말 없이 필답으로 화친하는 속에。

동양의 문화가 세계로 이어지리。

七言絶句 118

花春

戊子年(２００８)四月

陽春布德綻花峯
雲散青山尤碧松
到處佳香蜂蝶亂
何時故友去鄉逢

양춘 포덕에 꽃봉오리 터지니,
구름 흩어진 청산에 솔 더욱 푸르고.
도처 가향에 벌 나비 난무한데,
어느 때에 옛 친구 고향 가서 만날까?

禪行

戊子年(2008) 四月

衆生欲道訪深山
晝夜無分日月刪
法界光明諸照處
禪行一切得空艱

중생은 도를 닦고자 깊은 산을 찾아
밤낮을 가리지 않고 세월만 깎네.
법계의 광명은 모든 곳을 비추는데、
선행 일체에 공을 얻기 어렵다네。

冠岳山雨霽

戊子年(２００８) 六月

雨霽冠岳萬峯開
山上風雲自去來
溪谷水聲淸弄裏
騷人玩賞豈無杯

비 갠 관악산에 만봉이 열리니,
산 상에 풍운은 스스로 오가네.
계곡에 물소리 청아한 속에,
감상하는 소인에 어찌 잔이 없으랴.

春餘卽事

戊子年(2008) 四月

江邊柳絮似雲飛
萬物和風處處肥
天地無心爲自變
人生易老恐何非

강변에 버들 꽃 구름같이 나르니,
만물은 화풍에 곳곳에서 살찌어가네.
천지는 마음 없이 스스로 변해 가는데,
인생은 쉬 늙어 어찌 아니 두려우랴?

餞 春 (二)

戊子年(2008) 四月

到處江山節序移
衰殘花葉夏先知
日新綠帶和風艶
佳景吟詩豈不怡

강산 이르는 곳마다 절서를 옮기니,
쇠잔한 꽃잎은 먼저 여름을 예지하네.
날로 새로워지는 녹대는 화풍에 고와,
가경을 음시하니 어찌 기쁘지 않으리.

餞 春(二)

戊子年(2008) 四月

如雪白花天地飛
日新萬物雨聲肥
靑山似畫增加綠
一事無成豈歲歸

눈 같은 꽃이 온 천지를 나르고,

일신에 만물은 빗소리에 살찌네.

청산은 그림같이 푸르게 더해 가는데,

일도 못 이뤘는데 어찌 세월만 가는가?

仲夏

戊子年(2008) 七月

炎天仲夏暑眞成
來去行人衣服輕
白日汗珠霑沃土
農夫田畓待秋聲

염천 중하가 참으로 더운데、
오가는 행인들 옷차림 가볍네。
한 낮 땀방울 옥토를 적시니、
농부는 전답에서 추성을 기다리네。

避暑

戊子年(2008) 七月

畏日炎蒸處處同
流金鑠石似燒空
深山曲水濃陰下
浸足吟詩克扇風

이글거리는 더위는 곳곳이 한가지인데,
금석을 녹이듯 하늘이 불사르는 것 같네.
깊은 산 구비 구비 흐르는 물 그늘 아래서,
발을 담가 시를 읊으며 부채로 극복하리.

七言絶句

炎夏避暑

戊子年(2008) 七月

三夏煩烝日日高
增加熱氣脫綾袍
樹陰坐定爲涼扇
不備鮮肴避暑醪

삼하에 더위는 나날이 높아 가니,
더해가는 열기가 능포를 벗기네.
나무 그늘에 앉아 부채질 하며,
좋은 안주가 없어도 피서엔 막걸리네.

仲伏避暑

戊子年(二〇〇八) 七月

流金鑠石覆炎天
避暑行人蒼海連
君子深山溪谷訪
優遊坐禪汗消顚

금석을 녹이듯 더위가 염천을 덮으니,
더위 피하는 행인은 해변으로 이어지네.
군자는 깊은 산 물 흐르는 골을 찾고,
한가하게 좌선하니 이마에 땀방울 사라지네.

巨文島有感

戊子年(2008) 八月　書協首爾支會

麗水依船到巨文
奇巖絶景本源聞
白鷗海岸旋回裏
玩賞騷人與友欣

여수에서 배를 의지해 거문도에 이르니、
기암 절경이 듣던 그대로 펼쳐지네。
흰 갈매기 해안을 선회하는 속에、
구경하는 시인은 벗과 함께 기뻐하네。

巨文島燈臺

戊子年(２００８) 八月　書協首爾支會

巨文燈塔始東洋
赤白閃光引導航
蒼海飛鷗佳景樂
奇巖絶境振銀浪

거문도 등대는 동양의 최초로、
적백의 섬광이 뱃길을 인도하네。
창해에 갈매기 가경에서 즐거운데、
기암 절경이 은물결을 떨치는 구나。

登觀白亭

巨文水越石階登
冬柏佳林萬世承
玉汗欲晞觀白坐
奇巖絶景眼前凝

戊子年(２００８) 八月　書協首爾支會

거문도 소로 따라 돌계단을 오르니、
동백림 아름다운 숲 만년을 이었네。
구슬 땀 말리고자 관백정에 앉으니、
기암 절경이 눈앞에서 엉기네。

白島有感 (二)

戊子年(2008) 八月　書協首爾支會

白島奇巖霧散開
諸人秘境自尋來
船頭玩賞波濤與
絶景何間滿入杯

백도의 기암은 안개 흩어져 열리니,
여행객 비경을 보러 스스로 찾아오네.
뱃머리에서 감상을 파도와 함께 하는데,
절경이 어느 사이에 잔에 가득 들어오네.

白島有感 (二)

戊子年(2008) 八月　書協首爾支會

白島風光霧散開
銀鷗絶景自飛來
奇巖玩賞吾心奪
秘境吟詩錦軸裁

백도의 풍광이 안개 흩어져 열리니,
갈매기 절경에 스스로 날아오네.
기암 감상으로 내 마음 빼앗겼으니,
비경을 시로 읊어 금축에 심으리라.

白島有感 (三)

戊子年(2008) 八月　書協首爾支會

奇巖白島霧消開
絶景其名天下魁
仙境吾心全部奪
何時此處復尋來

백도의 기암이 안개 살아져 열리니,
절경의 그 이름 천하의 으뜸 이라.
선경에 내 마음을 모두 빼앗겼는데,
어느 때에 이곳을 다시 찾아올까?

白島瀾波

戊子年(2008) 八月　書協首爾支會

神風白島似圖開
高低奇巖滿眼來
仙境絶佳全不見
遊船何故欲歸催

신풍에 백도가 그림같이 열리니,
높고 낮은 기암이 눈에 가득 차오네.
선경에 아름다움을 다 보지 못했는데,
유선은 무슨 연고로 돌아가고자 재촉하는가?

白島颱風

白島蒼波四海開
奇巖絶景眼前來
勝區玩賞皆觀不
忽起飆風舫歸催

戊子年(2008) 八月　書協首爾支會

백도의 푸른 물결 사해가 열리니、
기암 절경이 안전에 다가 오네。
승구 완상은 다 보지 않았는데、
갑작스런 폭풍에 배는 돌아가길 재촉하네。

七言絶句

七百義塚有感

戊子年(2008) 十一月

晩秋與友錦山來
蔘馥流幽天下魁
七百忠魂瞻義塚
步趨何故去無催

늦가을에 벗과 함께 금산에 오니,
삼 향기 그윽이 흘러 천하에 으뜸일세,
칠백인의 충혼의 의총을 보는데,
걸음은 무슨 연고로 가기를 재촉하지 않나.

自適(二)

戊子年(2009) 四月

心氣愚頑易節忘
鳥啼窓外始春量
山河處處無聲變
鄕士何時發墨香

심기가 어리석어 계절 바뀜을 잊었는데,
창 밖에서 새가 울어 봄이 옴을 헤아리네.
곳곳에 산하는 소리 없이 변하는데,
향사는 어느 때에 묵향을 피우겠는가?

自適 (二)

戊子年(2009) 四月

節序遷移易態知
苦心欲慰去來池
江山日日綠陰變
自適無爲忘恐詩

절서가 바뀌어 모양 바꿈을 아니,
괴로운 맘 위로하고자 못가를 오고가네.
강산은 나날이 녹음으로 짙어 가는데,
하는 일없이 자적하니 시를 잊을까 두렵네.

日本市街有感

戊子年(二〇〇八) 十月　韓國書文會

故國江山色艷爭
丹楓日本四隣衡
菊香處處金風散
寫景移書墨客情

고국산천에는 고운 색 다투는데,
일본의 단풍도 사린에서 다투네.
곳곳에 국화향기 금풍에 흩어지니,
경치를 베끼는 것은 묵객의 정이네.

大涌谷路程

戊子年(2008) 十月　韓國書文會

曲曲回看峻嶺過
如花苊草舞秋歌
樹林左右穿天聳
涌谷硫黃滿散阿

구비구비 뒤를 보며 준령을 넘으니、
꽃 같은 억새가 가을 노래에 춤추네。
좌우의 수림은 하늘을 뚫듯 솟고、
용곡의 유황 냄새가 언덕에 가득하네。

大涌谷有感

涌谷重來十五年
依然景物守無偏
硫黃烹卵量其味
過日親朋復憶連

戊子年(2008) 十月 韓國書文會

대용곡 다시 와서 본지 어연 십 오년
의연한 경물은 치우침 없이 그대로네.
유황천에 삶은 계란 그 맛을 헤아리니、
지난날 친붕 생각이 다시 이어지네。

蘆湖水遊覽

戊子年(2008) 十月　韓國書文會

日暮登船四海瞻
湖圍峻嶺水中潛
丹楓處處金風艶
挑興波光豈有嫌

註 : 蘆湖水(아시스 호수)

해질 무렵 유람선에 올라 사방을 보니、
호수를 둘러싼 준봉이 물속에 잠겼네。
단풍은 곳곳에서 가을바람에 고운데、
흥을 돋우는 파광을 어찌 싫어하랴?

東京大橋夜景

東京夜景大橋開
海上玲瓏七色栽
燦爛光波無限景
星河何故欲嫌猜

戊子年(2008) 十月　韓國書文會

동경의 야경은 대교에서 열리니,
바다 위에 영롱한 칠색을 심었네。
찬란한 광선은 무한한 경치인데、
성하는 무슨 연고로 시기 하고자 하는가?

第七回日中韓文化人展

戊子年(二〇〇八) 十月　韓國書文會

日本山河墨客迎
丹楓遠近眼前爭
殿堂白壁書香發
三國文華世上聲

일본 산하가 묵객을 맞이하고、
원근의 단풍이 안전에서 다투네。
전당 흰 벽엔 글 향기 발하니、
삼국의 문화가 세상에 소리로다。

登摩利山

戊子年(2008) 十月

摩利尖峯穿碧空
雲橫四野露秋容
石階頂上祭壇在
圍擁墻衣嘉海風

마니산 우뚝 솟은 봉 벽공을 뚫으니,
구름 걷힌 들엔 가을빛이 드러내네.
돌계단 산마루에 참성단이 있는데,
둘러싼 담장 이끼는 해풍에 곱구나.

註 : 摩利 : 摩利山。 백두산과 한라산의 중간지점에 위치한(해발 472m) 江華島 화도면에 있는 산。 두악산(頭嶽山)이라고도 함。

七言絶句 146

世人情

戊子年(2008)

自古無爲富貴從
崩頹心氣遠祉胸
人生不用虛榮夢
日軌看星問吉凶

예부터 하는 일 없이 부귀를 쫓으면,
심기가 무너져 복이 가슴에서 멀고。
인생이 쓸데없이 허영의 꿈을 꾸며、
태양의 운행과 별을 보고 길흉을 묻네。

濟州有感

濟州佳景似常春
又見回看四野新
精氣白頭連漢拏
海邊秘境不無親

戊子年(２００８) 七月　九老文化院

제주의 아름다운 경치 항상 봄과 같아、
또 보고 돌아보아도 온 들이 새롭구나。
백두산의 정기가 한라산까지 이었으니、
해변의 비경이 친하지 않은 데가 없네。

濟州春景

己丑年(2009) 三月 九老文化院

濟州油菜孟春裝
青帝施恩天地黃
處處花香連漢拏
尋來佳景白雲鄕

제주의 유채꽃이 맹춘을 단장하니、
청제가 은혜를 펴 천지가 노랗구나。
곳곳에 꽃향기 한라산에 이어지니、
찾아온 경치는 帝의 거처로다。

己丑迎春

己丑年(2009) 一月

青皇布德孟春開
花似萌芽尤艷堆
佳景日新心氣快
風光錦軸詠詩栽

청제가 덕을 펴 맹추을 여니、
꽃 같은 새싹이 언덕에서 더욱 곱구나。
가경이 날로 새로워 마음이 상쾌해、
풍광을 금축에 시를 읊어 심으리。

霜菊

己丑年(2009) 十一月

今昔菊花君子稱
霜郊姿態似神仙
靈區到處殘香住
把酒騷人思鄉年

예나 지금이나 국화는 군자로 이름 하니、
서리 내린 들에도 용모가 신선 같구나。
영주 이르는 곳마다 쇠잔한 향기 머무르니、
슬잔 잡은 시인은 해마다 고향 생각하네。

梅花

己丑年(2009) 一月

萬木凄風欲折枝
梅花雪裏美尤姿
酷寒不賣其香好
惟獨文人使受慈

만목은 처풍에 가지가 꺾이고자 하는데,
매화꽃 눈 속에서 자태가 더욱 아름답네.
혹한에도 팔지 않는는 그 향기가 좋아서
유독 문인들로 하여금 사랑을 받는다.

雪松

己丑年(2009) 一月

雪裏蒼龍長泰然
耐寒守節幾過年
將軍繞甲丘陵凜
首戴銀花似胎仙

눈 속에서도 노송은 태연히 자라서

추위를 참고 절조를 지킨 지 몇 해를 지냈나.

장군이 갑옷을 두르듯 언덕에 늠름한데

눈을 머리에 이니 마치 학과 같구려.

竹

己丑年(２００９) 七月

聳立籬邊竹數竿
颱風裂葉尚平安
常靑不變嘉姿態
其意吟詩寫素紈

울타리 가에 우뚝 솟은 수많은 대나무

태풍에 잎이 찢어져도 오히려 편안하네。

변치 않고 항상 푸른 자태가 아름다워、

그 뜻 시로 읊어 흰 비단에 베끼네。

第8回 中韓日展出發有感

己丑年(2009) 十二月 韓國書文會中韓日展

飛機西向陟雲穿
窓外投心似已仙
萬里親朋凝念裏
何間上海上空旋

비행기 서로 향해 구름을 뚫고 오르니、
창밖에 마음 던지니 이미 신선 같고、
만리의 친붕 생각이 엉기는 속에、
어느새 상해의 하늘을 돌고 있네。

第8回 中韓日文化人書藝展

己丑年（２００９）十二月　韓國書文會

三國蘭交上海張
來賓拍手滿高堂
友情永遠乾杯祝
展示明年槿域昻

삼국의 난교를 상해에서 자랑하니、
내빈의 박수소리 고당에 가득하네。
우정이 영원하길 건배로 비니、
명년의 전시는 한국에서 밝으리。

黃浦江夜景

己丑年(2009) 十二月　韓國書文會

浦江夜景兩邊開
五色光輝酒興培
船上明珠看上塔
碧空燦爛閃如台

註：黃浦江(중국 상해에 있는 강)

황포강 야경이 양변에서 열리니,
오색의 광휘가 주흥을 돋우네.
선상에서 명주의 탑 위를 보니,
벽공에서 번쩍이는 별과 같이 빛나네.

登三淸山

三淸山上霧消澄
四海峯林碧落承
怪石奇松閑玩賞
何間絶景夕陽凝

註 : 三淸山 중국에 있는 산

己丑年(2009) 十二月　韓國書文會

삼청산 산상에 안개 살아져 맑으니、
사해의 봉림이 푸른 하늘을 이었네。
괴석과 기송 감상으로 한가한데、
어느새 절경이 석양에 엉기네。

登黃山

黃山霧散景觀呈
峽谷雲林似畵成
天下秀峯難別擇
奇松怪石四隣爭

註 : 黃山 : 중국에 있는 산

己丑年(2009) 十二月 二百二十日　韓國書文會

황산에 안개 흩어져 경치를 드러내니,
협곡에 운림이 그림같이 이루었네.
천하에 빼어난 봉 가리기 어려운데,
기송과 괴석은 사린에서 다투네.

西湖有感

西湖絶景霧消呈
停泊蘇堤旅客迎
兩岸水楊冬至艶
四隣佳色豈無爭

己丑年(2009) 十二月 韓國書文會

서호에 절경은 안개 살아져 드러내니、
소제에 정박한 배는 여행객을 맞이하네。
양 언덕 수양버들이 동지에도 고운데、
사린에 풍치가 어찌 다름이 없으리。

頌馬尾

庚寅年(2010) 二月 韓國馬社會 揮毫

馬毛最上尾其元
惟獨令人受愛尊
筆客揮毫威勢振
名工織篩頌傾魂

말 털 중에 최상은 그 꼬리가 으뜸이라,
유독 사람으로 하여금 높이 사랑을 받았네.
필객은 휘호로 위세를 떨치니,
명공은 체망을 짜 혼을 기울여 칭송하네.

註 : 篩面 : 쳇불 : ; 쳇바퀴에 매는 물건。말총。명주실 따위로 쌈。

萬化方暢

庚寅年(2010) 四月

祥光布德艷煙溪
尋配黃鶯柳裏啼
佳景春風增日日
村娘採菜急田畦

상광이 덕을 펴 냇가에 아지랑이 고운데,
짝을 찾는 꾀꼬리 버들 속에서 지저귀네。
춘풍에 아름다운 경치 나날이 더해가니、
나물 캐는 촌 아가씨 밭둑에서 바쁘네。

春風

庚寅年(2010) 四月

青山雪水漲流溪
聲氣激湍如鳥啼
萬物春風增日長
萌芽多少出田畦

청산에 설수는 내에 넘쳐흐르니,
여울의 기세가 새가 우는 것 같네.
춘풍은 만물에 날로 자라 더해가니,
새싹은 다소 밭둑에서 나오네.

濟州行機內有感

庚寅年(2010) 四月 九老文化院濟州探訪

探訪耽羅遠旅程
飛機載體似僖嬰
白雲碧落無窮裏
心投遊敖豈睡成

제주에 탐방 가는 길은 멀고멀어、
비기에 실은 몸 아이와 같이 기쁘네。
푸른 하늘에 흰 구름 끝없는 속에、
마음 던져 즐기는데 어찌 잠을 이루리。

濟州到着

濟州遠路到飛機
滿發千花處處徵
聳出漢拏雲霧繞
季春佳景萬邦稀

庚寅年(2010) 四月　九老文化院濟州探訪

제주도 멀고 먼 길 비행기로 이르니、
만발한 많은 꽃 곳곳에서 아름답고、
우뚝 솟은 한라산을 운무가 두르니、
늦봄에 가경이 세상에서도 드물더라。

茅島有感

天池瀑布左回觀
茅島連橋高刺乾
到處風光如畫展
賞春把酒豈無歡

註 : 茅島 : 새섬

庚寅年(2010) 四月 九老文化院濟州探訪

천지연 폭포를 좌로 돌아보니,
모도를 잇는 새연교 하늘을 찌르듯 높고.
도처에 풍광이 그림같이 펼쳐져,
봄 감상에 술잔 잡으니 어찌 기쁘지 않으리.

孤立岩 (외돌개)

庚寅年(2010) 四月 九老文化院濟州探訪

孤立奇巖睹態雄
威嚴似將凜水中
濟州絶景無言繼
幾歲波濤守克風

외돌개에 웅장한 자태를 바라보니,
장군 같은 위엄이 수중에서 늠름하네.
제주의 아름다운 경치를 말없이 이어,
몇 해를 파도와 바람을 이겨 지켰나.

漢拏山春景

漢拏春景旣佳呈
遠近百花姿態爭
白鹿水明含碧落
如畵風光四海盈

註：狹路：올래길

庚寅年(2010) 四月　九老文化院濟州探訪

한라산 봄 경치 이미 드러내 아름다운데、
원근에 온갖 꽃들은 자태를 다투네。
백록담 맑은 물이 푸른 하늘을 머금으니、
그림 같은 풍광이 사해에 넘치네。

狹路有感

庚寅年(2010) 四月 九老文化院濟州探訪

高低狹路步行安
玉汗濕衣扇脫冠
海岸風光難切奪
吟詩所感寫藏紈

註 : 狹路 : 올레길

높고 낮은 올레길 발걸음 편안한데,
구슬땀이 옷을 적셔 갓을 벗어 부쳤네.
해안에 풍광을 모두 뺏기 어려워,
소감을 시를 읊어 비단에 베껴 간직하리.

朝天早旦

朝天早旦白鷗開
窓外濤聲甘睡頹
日出山頭紅已聳
何間佳景眼前來

庚寅年(2010) 四月 九老文化院濟州探訪

조천에 이른 아침 백구가 여니,
창밖에 파도소리 단잠을 깨우네.
일출은 산두에서 이미 솟아 붉어,
어느새 가경이 안전으로 오네.

戀北亭

庚寅年(2010) 四月 九老文化院濟州探訪

朝天港口路邊亭
多士歸鄉京信聽
樓上無人魂氣住
虛庭芝草茂餘馨

조천항구 길가에 연북정자는,

많은 선비 귀향하여 서울 소식 기다렸네.

루상에 인적 없어 영혼만이 머무르고,

빈 뜰엔 지초의 향기만 남아 무성하네.

濟州有感

庚寅年(2010) 四月　九老文化院濟州探訪

濟州絶景霧消開
四海風光天下魁
滿發百花爭到處
賞春旅客豈無杯

제주에 절경이 안개 살아져 열리니,
사해의 풍광이 천하에 으뜸이로다.
만발한 백화는 도처에서 다투는데,
봄을 감상하는 객이 어찌 잔이 없으리?

七言絶句

夜坐有感

庚寅年(2010) 五月

恒常儒業讀書宜
志士功名必有時
一日淸閒增白髮
何如歲月去星馳

항상 유림에 업은 독서가 마땅하고、
지사의 공명은 때가 반드시 있으리。
하루가 맑고 한가해도 백발만 느는데、
어찌하여 세월은 별똥 가듯 가는가?

古木花開

庚寅年(2010) 五月

古木花開節序移
日增果實自强枝
人生易老非來重
多讀詩書免大悲

고목에도 꽃이 피어 절서를 옮기면,
커가는 과실에 가지가 스스로 강하네.
인생은 쉬 늙어 거듭 오지 않으니,
시서를 많이 읽으면 큰 슬픔이 면한다.

席毛島有感

庚寅年(2010) 八月

渡船雨裏席毛來
濃霧風光艶滿堆
草幕掛燈娛勸酒
夜深海岸好無台

우중에 배를 타고 석모도에 오니、
농무의 경치가 언덕에 가득해 곱네。
초막에 등달아 권주로 즐기는데、
야심한 해변에 별이 없어도 좋구나。

席毛島朝旦

庚寅年(2010) 八月

席毛早旦雨聲開
濕羽銀鷗海去來
到處風光移兩眼
何間濃霧瑞風頹

석모도 이른 아침 비 소리가 여니、
날개 젖은 은주는 바다에 오고 가네。
도처에 풍광이 두 눈에 옮기니、
어느새 농무는 상풍에 무너지네。

仲秋佳節

庚寅年(2010) 九月

仲秋佳節最年中
天下風光古昔同
廣野黃波豊稔舞
澄心如月萬江伸

중추가절은 년 중에 최고라,
하늘아래 풍광이 옛날과 같네。
광야의 황파는 풍임의 춤이니,
여월 징심을 만강에 펼치네。

清秋煎茶

庚寅年(2010) 九月

四隣豊盛好時回
樓上煎茶片月來
玉椀昔情充足酌
何間北斗四更催

사린이 풍성한 좋은 때가 돌아와、
누대에서 차를 다리니 반달이 나오네。
옥잔에 옛 정을 넉넉하게 따르는데、
어느새 북두는 사경을 재촉하네。

仁川桂陽文化院尋訪　庚寅年(2010) 十月

桂陽廳舍勝區臨
楓菊庭前繞艶襟
俯察廣場充瑞氣
仁川文化豈無尋

계양 문화원 승지에 임하니、
앞뜰엔 풍국이 고운 옷깃 둘렀고。
광장을 굽어 보니 서기가 가득한데、
인천 문화를 어찌 찾음이 없으리。

頌第十一回桂陽書畫藝術大展

庚寅年(2010) 十月

大展流光十一迎
作家競演古今賡
奇才發掘私心莫
必是長傳桂陽名

계양서화대전 십일 년을 맞으니,
작가의 예술경연 고금을 이었네.
기이한 재능 발굴은 사심이 없으니,
반드시 길이 전할 계양의 이름이여.

第九回韓日中文化人書藝展

庚寅年(2010) 十二月

三國蘭交買召迎
來賓遠近似雲賡
年年展示多情積
友好無窮豈不明

삼국의 난교 매소에서 맞이하니、
원근에 내빈 구름같이 이었네。
해마다 전시로 많은 정 쌓이는데、
무궁한 우호가 어찌 밝지 않으리。

註 : 買召 : 인천이 옛이름。 고구려 장수왕 때 이름

梅花

辛卯年(2011) 三月

盡日尋春四野回
雪消壟畔起塵埃
不觀新芽歸家見
窓下梅花已滿開

진일 봄을 찾아 사야를 도니、
눈 녹은 논 밭둑엔 진애만 이네。
새싹은 보지 못하고 귀가해 보니、
창 아래 매화가 이미 만발했네。

孝親

辛卯年(2011) 四月

我鞠恩高報盡焉
吾生德厚豈忘然
其元百善于先孝
美俗無邊後代傳

나를 길러준 높은 은혜 어찌 다해 갚고,
나를 낳은 두터운 덕 어찌 잊으리。
백가지 선중에 그 으뜸은 효가 먼저니、
끝없는 미풍양속을 후손에게 전하리。

文化研修有感

辛卯年(2011) 四月　九老文化院　忠南文化探訪

昨宵月暈碧空流
今旦佳花雨積愁
絶景掩雲山野暗
勝區春氣總難收

어제 밤에 달무리 벽공에 흐르더니,
금단에 가화는 비에 근심이 쌓이고、
절경은 구름에 가려 산야가 어두운데、
승구의 춘기를 모두 거두기 어렵다네。

尋瑞山磨崖三尊佛像

辛卯年（2011）四月 九老文化院忠南文化探訪

山谷回回陟石階
磨崖佛像笑顏佳
彫鐫藝術偕青史
姿態依然百濟懷

산곡을 돌아 석계를 오르니,
마애불상의 미소가 아름답고.
조각 예술은 역사와 함께하니,
의연한 자태 백제를 품었네.

註 : 彫鐫 : 조각。青史 : 역사

海美邑城

海美邑城車輛看
殘痕百濟有餘丸
李公職務遺靑史
殉敎刑場忘記難

해미읍성을 차량으로 돌아보니,
백제에 흔적 등글게 남아있네.
충무공 직무도 역사에 끼치니,
순교의 형장을 잊기가 어렵네.

辛卯年(2011) 四月 九老文化院 忠南文化探訪

秋情

辛卯年(2011) 十月

遠近山色艶染均
恒看無厭每年新
菊香韻致秋情感
懷抱其誰此夜伸

원근에 산 빛이 고르게 물들어 고와
늘 보아도 싫증 없이 해마다 새롭네.
국화향기 운치에 가을에 정 느끼는데
그 누구와 회포를 이 밤에 펼칠까?

晩秋

辛卯年(2011) 十月

丹楓韻致美常觀
溪谷水聲聽每安
霜菊殘香階下住
蟋聲哀絶詠詩難

단풍의 운치는 늘 보아도 아름답고、
계곡에 물소리 항상 들어도 편안해。
상죽의 잔향이 뜰아래 머물러、
귀뚜라미 소리 애절해 시 읊기가 어렵네。

慾室(一)

辛卯年(2011) 十月

立身出世欲揚名
不學貪心巧智明
無用虛榮何窒慾
雪泥鴻爪似人生

입신출세로 이름을 날리고자,
배우지 않고 탐하는 마음 잔꾀에 밝네.
부질없는 허영 어찌 욕심을 막지 못하나?
설니홍조와 같은 인생인데.

慾 室 (二)

辛卯年 (2011) 十月

人生道德不耕誠
得位功名尚慾明
萬事雪泥鴻爪似
如何無用夢虛榮

사람이 도덕을 정성으로 배우지 않고,
공명에 자리 얻어 오히려 욕심에 밝네.
만사가 인생이 설니홍조와 같은데
어찌하여 부질없이 허영만 꿈꾸는가?

註 :: 雪泥鴻爪 :: 녹기 시작한 눈 위에 남긴 기러기 발자국

七言律詩

登黃山 / 33×30cm

彈琴臺有感

甲申年(2004) 三月　三淸詩社

雅會忠州遠路程
三淸社友一心成
獺江細柳含春氣
月岳高峯散霧晴
敗戰申軍千古恨
彈琴于聖萬年平
今來感興憑誰問
但見新芽不語生

註：獺江：달래강　月岳：월악산

충주 아회의 자리는 멀고 먼 길인데、
삼청시사 붕우들 한마음으로 이루었네。
달래강에 실버들 봄기운을 머금으니、
월악산 높은 봉 안개 흩어져 개이네。
신립장군의 패전은 천고에 한인데、
우륵의 탄조음은 만년의 태평이로다。
이제와 감흥을 누구에게 물어 볼꼬、
다만 보이는 것은 새싹만 말없이 돋네。

武夷九曲有感

甲申年(2004) 十月 刻字聯盟

武夷雲霧萬峯含
曲曲清流秘境龕
絕壁奇岩松韻鬪
茂林脩竹水聲酣
棹夫逸唱碧宇覃
騷客詩吟靑溪響
到處景觀名勝繼
難堪感興一杯耽

무이산 구름안개가 만봉을 머금으니,
구비 구비 맑은 물은 비경을 담았네。
절벽에 기이한 바위와 송운은 다투고,
무림에 긴 대나무는 물소리와 즐기네。
사공에 노 젓는 소리 푸른 계곡을 울리니,
시인의 시 읊는 소리 푸른 하늘에 닿았네。
이르는 곳마다 경치가 명승으로 이어지니,
감흥을 견디기 어려워 한잔 술로 즐기네。

楓菊爭姸

甲申年(2004) 十月 成均館漢詩修練院

桂秋楓菊艶爭時
玩賞騷人不動移
四野黃波如錦繡
萬山紅葉勝花枝
千家鏡月霜催急
百果金丸霧散遲
吉地殘香陶叟魂
明年華彩豈忘期

계추에 풍국이 고움을 다투는 때에,
구경하는 시인은 자리를 떠나지 않네.
온 들이 황금물결 비단 수와 같으니,
만산에 붉은 잎은 꽃가지를 이겼네.
천가에 달빛은 서리를 급히 재촉하니,
백과에 과일에 안개 걷히기 더디구나.
승지에 남은 향은 도연명의 혼일진대,
명년에 아름다운 기약을 어찌 잊으리.

暮秋卽事

甲申年(2004) 十月 大韓漢詩學會

含霜樹木脫紅衣
騷客吟詩學識肥
群雀唴歌田野散
隊鴻飛舞岸蘆歸
丹楓退色行人絕
黃菊殘香戲蝶稀
落葉生芽循理法
自然節序少無違

서리를 머금은 나무 붉은 옷을 벗으니,
시인은 시를 읊어 학식에 살을 찌우네.
참새 떼 지저귀는 소리 전야에 흩어지니,
기러기 떼 춤추며 갈대숲으로 돌아가네.
단풍은 퇴색하니 행인의 발길 끊어지고,
누런 국화 잔향에 희롱하는 나비 드무네.
잎이 지고 새싹 돋는 것은 순리의 법인데,
자연은 절서를 조금도 어기지 아니하네.

瑞雪

甲申年(2004) 十二月 韓國漢詩協會

初冬瑞雪降閒淸
豊稔豫知歡自生
廣野埋塵銀世界
長堤蓋岸玉宮城
甲申送舊江山凄
乙酉迎新日月明
賞景詩吟勤勉盡
車孫若續偉人成

초동에 서설이 조용히 맑게 내려,
풍년을 생각하니 기쁨이 스스로 나네.
넓은 들에 티끌을 묻으니 은세계요,
긴 둑 언덕을 덮으니 옥궁성이네.
갑신년을 보내니 강산이 쓸쓸하니,
을유년을 맞이하니 일월이 밝네.
상경에 시 읊음을 부지런히 한다면,
차손과 같은 훌륭한 위인이 되리라.

註 : 車孫 : 車胤과 孫康을 말함. 형설지공의 유래로서 반딧불로 비춰 공부하고 눈빛으로 공부하였다는 말에서 유래.

冬至臨迫

甲申年(2004) 11月　大韓漢詩學會

循環節序賦天眞
冬至凱臨暇萬人
愛惜甲申傾瑞歲
大望乙酉迓祥春
良風美俗民傳久
送厄迷神世願新
騷客白衣祈壽福
明年國步待榮辰

순환하는 절서가 꾸밈없이 펴니,
동지를 개임한 만인은 한가하네。
애석한 갑신년 서세가 기우니、
대망의 을유년 상춘이 마중하네。
미풍양속을 백성은 오래 전하고、
송액 미신을 세인은 새로 원하네。
시인은 백성의 장수와 복을 빌고、
새해에 국운과 영화의 날을 기다리네。

冬至

甲申年(2004) 十二月　大韓漢詩學會

年年冬至逈春初
青帝環宮布德居
晝短世人忙歲事
夜長騷客樂詩書
消災豆粥邪神塞
飲福醪杯亂氣虛
送舊迎新祥瑞滿
家家幸運亨猶餘

해마다 동지는 초봄을 마중하고、
봄 신이 환궁하여 포덕에 사네。
짧은 낮 세인은 연중행사에 바쁘고、
길고 긴 밤 시인은 시서로 즐기네。
팥죽으로 재앙과 사악한 신을 막고、
막걸리 음복은 기가 허해 어지럽네。
송구영신의 상서로움이 가득하니、
집집마다 행운을 누리고도 남으리。

嚴冬雪寒

甲申年(2004) 十二月　成均館漢詩修練院

嚴冬雪景夕陽曛
得月鴻群上下分
廣野埋塵銀界地
萬峯積霧玉山雲
朔風屋外三時凍
長夜爐邊一酌醺
九十歲寒無故願
將來青帝迓梅芬

엄동 설경에 석양이 어두워지니、
달을 얻은 기러기 상하를 가르네。
광야에 티끌을 덮으니 은세계 경지되고、
만봉에 안개 쌓이니 옥산에 구름이네。
집 밖에 북풍은 삼시를 얼게 하니、
긴 밤 화로 가에 한잔이 취하게 하네。
구십일 세한을 무사하기를 원하는데、
벌써 봄 신이 매화 향기를 마중하네。

讀端宗哀史有感　乙酉年(2005) 二月　大韓漢詩學會

寧越山河悼海東
悲哀夭折古今同
傾心節操憂民道
盡性經綸愛國忠
臣下積愁靑眼黑
蔣陵追慕素顔紅
復尋祭閣焚香獻
怨恨靈魂豈夢窮

영월 산하에 해동은 슬프은데,
요절에 비애는 예나 지금이나 같네.
절조에 경심은 우민의 길이요,
경륜의 진성은 애국의 충성이네.
신하의 근심은 청안에도 어둡고,
장릉에 추모하는 얼굴이 붉네.
다시 찾은 제각에 향 피워 받치오니,
원한의 영혼이 어찌 꿈속에서 다할까?

母親小祥悔

乙酉年(2005) 三月

母親過夜夢中迎
微笑音聲舊顏明
不孝生前今日覺
哀思逝後昨年賔
康寧未奉羞尤悔
壽福無全不盡誠
追慕心情何我一
但祈極樂享安榮

어제 밤에 꿈속에서 모친을 맞이하였는데,
웃으시는 음성과 안색이 옛 같이 밝으셨네。
생전에 효도 못함을 오늘에서야 깨달으니,
가신 후 슬픈 생각이 지난해부터 이었네。
강녕을 다하지 못해 허물 뉘우침에 부끄럽고,
수복을 누리지 못해 정성이 부족했네。
사모하는 심정 어찌 저 혼자 뿐 이겠습니까?
다만 극락에서 편안한 영화를 누리시길 빕니다。

百蟲醒眠

乙酉年(2005) 三月　大韓漢詩學會

布德東皇野馬佳
醒眠萬物欠伸街
萌芽大地含風露
楊柳長堤舞水涯
紅雨細塵香氣吐
白雲流帶景光埋
梅花滿發春聲足
蜂蝶何間樂匹儕

봄 신이 덕을 펴 아지랑이 아름다운데、
잠깬 만물은 거리마다 기지개 펴네。
대지에 새싹은 바람 이슬을 머금으니、
긴 둑에 버들은 물가에서 춤을 추네。
꽃비가 세진을 씻으니 향기를 토하고、
흰 구름은 띠를 두르니 경색을 묻었네。
매화 만발한 봄 소리가 만족한데、
어느새 벌 나비는 짝을 맺어 즐기네。

獨島吾國土

乙酉年(2005) 三月

乙酉花春亂動聲
狂倭一又妄言廥
良民鬱憤難堪起
反日精神不忍生
紅雨青天悲震怒
白鷗碧海泣丕驚
原來獨島三韓土
將次無貪莫語名

을유년 꽃피는 봄날 난동소리、
또 한 번 미친 왜구의 망언으로 이었네。
어진 백성 울분을 견디지 못해 일어나고、
반일 정신은 참지 못해서 생기네。
푸른 하늘에 꽃비 진노하여 슬프고、
푸른 바다에 갈매기 크게 놀라 우네。
원래 독도는 삼한의 영토이오니、
앞으로 탐내지도 말고 이름을 말하지 말라。

註 : 三韓 : 상고시대 우리나라 남쪽에 있던 나라、곧 馬韓(마한) 辰韓(진한) 弁韓(변한)

東皇布德

乙酉年(2005) 三月　三淸詩社

東皇布德自藏冬
春信傳田忙稼農
騷客詩壇尋玉句
老翁絶景曳藜筇
岸邊柳絲光尤綠
階下梅花馥漸濃
和氣滿堂開祝祭
蘇生萬物盛時逢

봄 신이 덕을 펴 겨울은 스스로 감추는데、
봄소식 전전하니 농부는 씨뿌리기에 바쁘네。
시인은 시단에서 좋은 글귀를 찾으니、
노인은 절경에 지팡이 짚고 나오시네。
언덕 가 실버들은 햇빛에 더욱 푸르고、
뜰아래 매화는 향기가 점점 짙어가네。
화기가 고당에 가득 차 축제를 여니、
소생하는 만물은 좋은 때를 만났구나。

寒食已過

乙酉年(2005) 四月　大韓漢詩學會

寒食已過佳節回
東皇布德百花開
探光老叟登池閣
覓句騷人出露臺
田裏農夫勤種播
園中村婦勉蔬栽
山河草木新芽發
物色和風細雨催

한식 이미지나 아름다운 시절 돌아오니、
봄 신이 덕을 펼쳐 백화는 만발하네。
봄빛을 찾는 노인은 못 누각에 오르고
글을 찾는 시인은 노대로 나가네。
밭에 농부는 씨뿌리기에 부지런 하고、
촌가에 아낙은 채소 심기에 힘쓰네。
산하에 초목에 새싹이 돋아나니、
물색을 화풍과 세우가 재촉하네。

餞春

乙酉年(2005) 四月 木浦詩社

軟風花雨亂山頭
少壯雙雙絕景遊
老叟曳筇尋勝地
騷人得句詠登樓
池塘細柳黃鶯召
草岸長川綠水流
此日餞春哀惜盡
無情歲月問誰求

연풍에 꽃잎이 산 위에 흩어져 나니,
젊은이는 짝을 지어 절경에 노네.
노인은 지팡이 끌고 승지를 찾고,
시인은 시를 얻어 누대에서 읊네.
지당에 실버들 꾀꼬리를 부르니,
풀 언덕 긴 내에는 녹수가 흐르네.
이제 봄 보내는 향연 애석을 다하니,
덧없는 세월 그 누구에게 물어 볼까?

花笑鳥啼

乙酉年(2005) 四月　成均館漢詩修練院

江山滿地散淸芬
遠近鳥啼樓閣聞
楊柳池塘朝露潤
草芽庭陛午風薰
依依景色天時到
艶艶春光日月分
花笑酒筵無限興
不觀名勝莫云云

강산 만지에 맑은 향기 흩어지니,
원근의 새소리 누각에서 들네.
지당에 양류는 조로에 윤택하니,
뜰에 새 풀은 오풍에 향기롭네.
경색이 무성하여 천시에 이르니,
춘광에 고운색은 일월이 나누네.
꽃 웃는 주연은 끝없이 흥겨운데,
명승을 보지 않고 운운하지 말지어다.

山水玲瓏

乙酉年(2005) 八月　成均館漢詩修練院

山水玲瓏萬感生
無雲碧落詠秋情
登樓酒客添佳興
覓句騷人足氣淸
五穀占豊農者笑
三更挑炷蟋公鳴
風光處處流傳轉
旣已新凉白帝迎

산수가 영롱하여 만감이 생기니、
구름 없는 푸른 하늘이 가을을 읊네。
누대 오른 주객 아름다운 흥취 첨하니、
글 구 찾는 시인 맑은 기운에 족하네。
오곡의 풍년 점치니 농부는 웃고、
삼경에 심지 돋으니 귀뚜라미 우네。
풍광은 곳곳에 전전하며 흐르는데、
벌써 서늘한 바람이 가을을 맞이하네。

斷壺卽事

乙酉年(2005) 九月　成均館漢詩修練院

朝夕新凉草露澄
勝區山野爽風興
秋郊物色光中歲
樓閣風流過上層
勸酒農夫酣喜酌
看書騷客近明燈
溪邊綠水無言逝
萬里青天不自矜

조석에 바람이 초로를 맑게 하니
산야 승구에 가을바람 흥이 나네.
가을 들판에 물색이 중세의 빛인데,
누각의 풍류는 상층으로 흘러가네.
술 권하는 농부는 희작에 즐기니,
글을 보는 소객은 밝은 등 가까이 하네.
계변에 푸른 물은 말없이 흐르는데,
만리에 푸른 하늘 자랑하지 아니하네.

仲秋佳節

乙酉年(2005) 九月　大韓漢詩學會

仲秋佳節每年還
擊壤高歌晝夜間
綠水淸風含野逕
碧空明月照江山
忙中靜話騷人樂
安裏放鋤農老閑
良俗嘉俳歸省日
廟堂先祖對歡顏

중추가절은 매년 돌아오는데、
격양의 노랫소리 밤낮으로 노푸나。
푸른 물에 청풍이 들길을 머금으니、
푸른 하늘에 명월은 강산을 비추네。
바쁜 가운데 대화는 소인은 즐겁고、
호미 놓아 편안한 농부는 한가하네。
미풍양속의 가배절 고향 가는 날에、
묘당에 선조를 환한 얼굴로 대하네。

願南北平和統一

乙酉年(2005) 九月 第18回 栗谷文化際

平和統一一日新明
頂上淸談大事成
離散解消三食禱
相逢喜悅萬年聲
欲賴固壁祈全世
復合分疆願庶氓
槿域繁榮南北客
儒林盡力佈詩情

평화 통일은 날로 새로워 밝은데,
정상은 청담으로 큰일을 이루네.
이산의 해소는 끼니마다 빌고,
상봉은 희열은 만년의 소리이네.
굳은 벽 붕괴하고자 세인은 빌고,
분강을 합하고자 서민은 원하네.
이 강산에 번영은 남북의 뜻이라,
유림은 진력으로 시정을 펼치네.

慶祝開天節

乙酉年(2005) 十月　大韓漢詩學會

檀聖朝鮮半萬年
與堯竝立日開天
白衣氣魄東方首
弘益精神擧世先
倍達遺承民族秀
文明敎育子孫賢
三千里域如斯盛
不染西潮願永傳

단군 조선의 나라 세움이 반만년은
요임금과 더불어 개천에 날이요.
백의민족의 기백이 동방에 으뜸이니、
홍익정신을 세상을 먼저 피셨네.
배달의 계승으로 민족이 빼어나니、
문명 교육으로 자손은 어질어 지네.
삼천리에 근역에 이와 같이 성대하니、
서양에 물들지 않게 영전하길 원하네.

秋日卽事

乙酉年(2005) 十月　木浦詩社

青天萬里白雲遊
錦繡江山瑞氣流
勝地霧煙生畫幅
佳區風月染郊邱
良田玉汗農民血
廣野金波寶石州
黃菊丹楓爭艶際
高聲擊壤自忘愁

푸른 하늘 만리에 흰 구름 노니,
금수강산에 서기가 흐르네.
승지에 무연은 화폭을 낳으니,
가구에 경치는 들 언덕이 물들였네.
양전에 구슬땀은 농민에 피인데,
광야에 금파는 보석에 고을이네.
황국단풍이 고움을 다투는 때에,
격양가 높은 소리로 근심을 잊네.

閑居自述

乙酉年(2005) 十月　三清詩社

露華滿地迓清秋
覓句騷人自上樓
丹鳥千年天命享
青雲萬里野心浮
錦楓艶色溢盈樂
黃菊佳香消散愁
燈下讀書無得德
何時白景感情收

註 :: 白景 :: 가을 경치

노화가 곳곳에 청추를 맞이하니、
글귀 찾는 소객은 누대에 오르네。
鳳凰새는 천년의 천명을 누리니、
푸른 구름 만리에 야심을 띄었네。
금풍 고운 색에 즐거움이 넘치니、
황국가향에 근심이 살아지네。
등하에 독서로 덕을 얻지 못했는데、
어느 때에 백경의 감정을 거두리오。

吟軍浦八景 (二)

乙酉年(2005) 十月　軍浦文化院

八景成佳軍浦陽
勝區抱挾似仙鄉
半湖落照紅長帶
栗石浮雲白久藏
或訪堂林祈慶福
每登修理望安康
如屏秘境優遊際
自醉風光又醉觴

팔경에 경치는 군포시의 남양인데,
승지를 껴안으니 선향과 같구나.
반호에 낙조는 붉은 띠를 두르고,
율석에 부운은 흰색을 오래 감췄네.
혹은 당 숲을 찾는 이 경복을 빌고,
매번 수리산 오르는 자 안강을 바라네.
병풍 같은 비경에 여유롭게 즐기니,
스스로 풍광에 취하고 술에 취하네.

吟軍浦八景(二)

乙酉年(2005) 十月　軍浦文化院

軍浦風光秘境陽
勝區到此似吾鄉
半湖細雨有皆散
栗石片雲無盡藏
賞客堂林祈大福
騷人修理詠平康
如屛八景連仙境
滿目詩料不用觴

군포의 풍광은 비경의 별인데,
승지 이곳에 이르니 내 고향 같구나.
반월호수에 가랑비 다 흩어 졌는데,
밤 바위 조각구름 다 감추지 못했네.
상객은 당숲에서 큰 복을 빌고,
시인은 수리산에서 평강을 읊네.
병풍 같은 팔경에 선경으로 이으니,
시료가 만목해 술잔이 소용없네.

立冬

立冬朔氣冷飄蕭
似錦丹楓失艶嬌
園砌燥花憐愁藥
山川落木凄凉條
白蘆褪色消風動
黃菊殘香守節調
燈挑三更親古冊
積憂如雪自然消

乙酉年(2005) 十一月　大韓漢詩學會

입동에 삭기가 쓸쓸하게 불어 차가우니,
비단 같은 단풍 아름다움을 잃었네.
동산과 뜰에 꽃이 말라 꽃술이 가련한데,
강산에 낙엽진 나무가 가지마다 앙상하네.
하얀 갈대 퇴색해 바람에 날려 사라지니,
노란 국화 잔향은 절조를 지키고 있네.
한 밤중 등불 돋아 고책을 가까이 하니,
쌓인 근심 눈같이 자연히 사라지네.

落木江山 (二)

乙酉年(2005) 十二月　鷺江詩社

江山遠近帶斜暉
落木蕭條失錦衣
嶺上清風雲霧散
天邊明月雁鴻飛
杪秋白菊陶公魄
凌雪青松虎子威
節序循環仁化裏
乾坤寂寞識人稀

강산 원근에 석양의 띠를 두르니、
낙목은 금의를 잃어 가지가 쓸쓸하네。
산위에 맑은 바람 운무를 흩어지니、
하늘가 밝은 달에 기러기 날으네。
늦가을에 백국은 도연명의 혼인데、
능설에 푸른 솔은 호자의 위엄이네。
계절이 돌고 돌아 인화하는 속에、
건곤의 적막을 아는 자 드물리라。

落木江山 (二)

乙酉年(2005) 十二月　鷺江詩社

槿域江山失艶暉
朔風樹木脫紅衣
蘆田岸畔濃烟散
秋月天邊隊雁飛
晚節黃花殘菊氣
四時青葉老松威
森羅萬象蕭條裏
覓句騷人豈有稀

근역 강산에 고운 빛 잃으니,
삭풍에 나무는 붉은 옷 벗었네.
갈대밭 언덕에 안개 흩어지니,
가을 달에 천변에 기러기 나르네.
만절에 황화는 잔국의 기운인데,
사시의 청엽은 노송의 위엄이네.
온 갓 사물형상이 쓸쓸한 속에
글 구 찾는 시인이 어찌 드물리.

願詩道復興

乙酉年(2005) 十二月　三淸詩社

復興詩道起吾東
探究騷人繼古風
覓句無停才筆盛
讀書不絶藝文隆
五常講習良知覺
九德研磨學識雄
金石堅心勞盡力
揚名後世振其功

부흥하는 한시 나의 나라에서 일어나니、
탐구하는 시인은 고풍을 잇는구나。
쉬지 않고 글 구 찾으니 재필이 성하고、
끊임없이 독서는 예문이 융성해지네。
오상을 배우고 익혀 어짊을 깨닫고、
구덕 연마로 학식을 알아 웅장하네。
금석 같은 마음으로 힘 다해 힘쓰면、
후세에 이름을 날려 그 공을 떨치리。

立春大吉吟

丙戌年(2006) 二月　玄岩書堂

立春大吉照淸陽
遠到祥光滿學堂
節序如環常不息
寸陰似矢暫無藏
孝忠氣槪千秋盛
勤儉精神萬世昌
佳韻瓊筵祈景福
與朋逐厄勸金觴

입춘대길에 맑은 빛이 비추니,
멀리서 이른 상광이 학당에 가득하네.
고리 같은 절서는 늘 쉬지 않고 흐르고,
화살 같은 촌음은 잠시도 감춤이 없네.
효와 충의 기개는 천년을 웅성하니,
근검절약 정신은 만세까지 번창하네.
좋은 운 걸은 瓊筵잔치에서 景福을 빌고,
벗과 더불어 액을 쫓는 金觴을 권하네.

新年省墓

丙戌年(2006) 二月　鷺江詩社

新年省墓美風摹
老少和同古典虞
先祖敬心千世鑑
廟堂宗祀永秋途
家門隱德常無斷
忠孝精神豈不殊
良俗傳來承誨裏
子孫飮福感懷紆

신년 성묘는 미풍을 본받으니,
대소가 동화하여 고전을 즐기네.
조상 경심은 천세의 거울이고,
묘당에 종사는 영추의 길이네.
가문의 은덕은 항상 끝이 없는데,
충효정신은 어찌 다를 수가 있겠느냐.
양속의 전래를 배워 있는 속에,
자손은 음복에 감회가 얽히더라.

東君布德

丙戌年(2006) 二月　大韓漢詩學會

東君布德瑞光多
萬物蘇生雁影過
天下氣清銷雪谷
地中和暢微風舞
長堤繼柳微風舞
廣野流溪細瀨歌
門出遊絲心意載
無雲千里送春波

동군이 덕을 펼치니 서광이 많은데,
만물소생에 기러기 그림자 지나가네.
하늘 아래 맑은 기운은 설곡을 녹이고,
땅 가운데 화창하니 찬 언덕 멀어지네.
긴 뚝 방에 달린 버들은 미풍에 춤추니,
넓은 들에 흐르는 내는 여울의 노래네.
아지랑이 피어오르는 곳에 마음을 실어
구름 없는 천리에 봄 물결을 보내리.

伏蟄皆醒

丙戌年(2006) 三月　大韓漢詩學會

伏蟄皆醒響萬家
得春山野艶陽斜
鴻群向北天光暖
蛙隊臨池柳色加
草木清風含笑好
梅花香氣欲吐嘉
蘇生萬物循環裏
布德神功豈不誇

땅 벌레 잠 깨는 소리 만가에 울리니、
봄을 얻은 산야는 햇살에 곱구나。
기러기 떼 북을 향하니 햇볕 따뜻하고、
개구리 못에 임하니 버들 색 질어가네。
초목은 청풍에 웃음을 머금어 좋고、
매화의 향기는 토하고자 하니 아름답네。
만물이 다시 살아나는 순환 속에、
덕을 펼친 신공을 어찌 자랑하지 않으리。

故鄕情景(二)

丙戌年(2006) 三月

陽春布德滿田家
大地新芽艷似花
天邊雁鴻高飛遠
江岸蒲楊美色加
採蔬娘子野中樂
吹笛兒童川上嘉
舊日傾醪甘若蜜
故鄕情景豈無誇

봄볕이 덕을 펼쳐 농가에 가득하니,
대지에 새싹은 꽃같이 고우네.
천변에 기러기 높이 날아 멀어지니,
강가에 갯버들 색을 더해 아름답네.
나물 캐는 낭자는 들에서 즐기고,
피리 부는 아동 냇가에서 아름답네.
옛 날에 막걸리 꿀 같이 달았는데,
고향 정경을 어찌 자랑하지 않으리.

故鄕春景 (二)

丙戌年(２００６) 三月

陽春和氣滿山丘
銷雪溪邊靄散流
楊柳長堤黃鳥囀
雁鴻遠北碧空悠
良田播種親奔走
沃畓耕農我不休
勝地難忘詩軸展
故鄕情景寫多收

양춘화기가 산언덕에 가득하니、
눈 녹은 계변에 연무가 흩어져 흐르네。
양류 긴 언덕엔 꾀꼬리 지저귀고、
기러기 북쪽멀리 벽공에서 멀어지네。
양전에 씨 뿌리는 어버이는 바쁘신데、
옥답을 가는 나는 쉴 새가 없네。
승지를 잊기 어려워 시축을 펼쳐、
고향의 정경을 많이 베껴 거두리。

漢江春望

丙戌年(2006) 二月 三淸詩社

東皇布德半春過
萬樹新芽欲綻娥
楊柳垂絲含白露
鳧翁淺水弄銀波
農夫麥踏歡如是
漁叟船歌樂不何
騷客吟詩酬酢裏
漢江望景麗佳多

東皇 포덕에 봄이 반쯤 지나가니
나무마다 새싹은 예쁘게 피고자 하네.
늘어진 버들가지 흰 이슬을 머금으니
물오리 천수에서 은파를 희롱하네.
농부는 보리 밟아 이와 같이 기쁜데,
어부의 뱃노래 어찌 즐거움이 아니랴.
소객 시 읊으며 술잔 돌리는 속에
한강을 망경하니 아름다움이 많으리.

漢江有感吟

丙戌年(2006) 二月

陽春栗島雁聲過
細柳新芽染艶柯
漢水長流黃海到
南山聳立碧空峨
地丁路傍迎賓客
野馬江邊弄釣叟
遊覽船歌無限樂
兩邊佳景比銀波

양춘 밤섬에 기러기 날아 없는데,
실버들 새싹은 가지에서 곱구나.
길게 흐르는 한강은 황해에 이르니,
우뚝 솟은 남산 벽공에서도 높구나.
민들레 길가에서 빈객을 맞이하니,
아지랑이 강변에서 조수를 희롱하네.
유람선의 뱃노래 한없이 즐거운데,
양변의 경치가 은물결과 견주네.

暮春卽事

丙戌年(2006) 四月 成均館漢詩修練院

天霽和風艶早朝
江山到處滿春韶
溪邊柳色佳千葉
園裏花香噴萬條
燕子含泥頑頡急
蜂群探蜜去飛堯
地衣細雨均霑節
草木蓁蓁潤澤調

화풍에 하늘 개니 이른 아침이 곱고、
강산도처에 아름다운 봄 가득하네。
시냇가 버들색 천 잎에서 아름다우니、
동산에 꽃향기만 가지에서 뿜는 구나。
제비 진흙물고 집 지라 오르락내리락 하니。
벌떼는 꿀 찾아 멀리 날아가네。
땅 위에 가랑비 고루 적시는 계절에
초목은 무성해 고루고루 윤택해지네。

天下皆春

丙戌年(2006) 四月　大韓漢詩學會

天下皆春滿瑞光
景佳到處散幽香
施仁暖氣千般及
布德和風萬物昌
霽後江山如畵畵
雨前花木似文章
蜂歌蝶舞尤加興
騷客吟詩自勸觴

천하가 봄이라 서광이 가득하여,
가경 도처에 그윽한 향기 퍼지네.
인을 베풀어 온기가 천반에 미치니,
덕의 화풍은 만물을 창성케 하네.
날 개자 강산은 색칠한 그림 같고,
우전에 꽃나무는 문장과 같구나.
벌 나비의 가무가 흥을 더욱 가하니,
소객은 시 읊어 스스로 술잔을 전하네.

河東浦口有感

丙戌年(2006) 四月

蟾津佳景兩邊迎
櫻柳微風艶色爭
花路長堤春映帶
河東浦口棹歌縈
雙溪寺院鐘聲響
汀曲沙場鴨舞賡
勝地難忘加勸酒
遠程八十麗光盈

섬진강의 경치를 양변에서 맞이하니,
벚꽃 버들이 미풍에 고운 색 다투네.
꽃길 긴 둑엔 봄 그림자 따를 두르니,
하동 포구에 노 젓는 소리 얽히네.
쌍계 사원에 종소리 울려 퍼지니,
물가 백사장에 오리 춤 이어지네.
승지를 잊기 어려워 권주를 더하니,
멀고 먼 길 八十里에 고운 빛 넘치네.

綠陰芳草勝花時 (一) 丙戌年(2006) 四月 成均館漢詩修練院

綠陰芳草勝花時
節序循環日月移
白鹿率麑遊麓岸
黃鶯喚友織楊枝
谷間澗水和琴曲
臺上詩情把酒卮
欲說斯中其所感
鴻溝統一必然期

녹음방초가 꽃피는 때를 이기니,
절서 순환에 일월이 옮기네.
백록은 새끼 거느리며 언덕에서 노니,
황앵은 벗을 불러 버들가지를 짜네.
계곡에 흐르는 물 거문고와 화합하니,
누대 위의 시정으로 술잔을 잡네.
이 중에 그 소감을 말하고자 하니,
홍구의 통일은 필연의 기약이네.

綠陰芳草勝花時 (二)

丙戌年(2006) 四月　成均館漢詩修練院

艸木濃陰迓好時
勝區景色眼前移
霧消澤畔閒魚釣
雨霽江邊艷柳枝
溪谷響聲和玉管
園中香氣入金卮
綠波逐日風流樂
覓句林泉豈不期

초목이 짙어가는 좋은 때를 맞이하니、
승구 경색이 눈앞에 옮기네。
안개 살아진 못가에 낚시꾼 한가하고、
비갠 강변에 버들가지 곱구나。
계곡에 울리는 소리 옥관이 화합하니、
동산에 향기가 금잔으로 들어오네。
록파의 날을 쫓아 풍류를 즐기며、
글귀 찾는 임천을 어찌 기약하지 않으리。

先農壇懷古

丙戌年(2006) 五月　大韓漢詩學會

先農祭典作農明
炎帝良田五穀耕
獻酌設壇祈國福
製機拓地慰民聲
田夫自聽知今事
訪客全看感古情
香木無言空壝守
復元速速享繁榮

선농단 제향은 농사짓는 법 매년 밝아、
황제가 좋은 밭에 오곡의 곡식을 가네。
설단 만들어 헌작으로 나라에 복을 빌고
땅 넓혀 농기구 제작으로 백성을 위로하네。
농부는 스스로 들어서 지금의 일을 알고、
오는 손님 두루 살피어 옛정을 느끼네。
향나무는 말없이 빈터 만을 지키는데、
하루 빨리 복원하여 번영을 누리세。

時事吟

丙戌年(2006) 四月　三淸詩社

綠陰芳草勝春時
江岸黃鶯織柳聲
萬里靑嵐新世界
遠高碧落異天名
含泥燕子奔成業
詠句詩人盡至誠
雨霽山川如畵展
眼前麗景自然程

녹음방초에 춘시를 이기니,
강안에 황앵 버들을 짜네.
만리에 청람은 신세계인데,
멀고 먼 벽락은 하늘의 이명이네.
진흙을 문 제비 집짓기에 바쁜데,
글 구 읊는 시인은 지성을 다하네.
비 개인 산천에 그림같이 펼쳐지니,
안전에 경치가 스스로 드러나네.

崔顥『黃鶴樓』次韻

丙戌年(2006) 五月 三淸詩社

聽知其處不吾去
訪必客遊黃鶴樓
扁額妙緣高掛待
仙人何故久離悠
濃陰柳色漢江岸
滿溢草香鸚鵡洲
李白話言投折筆
作詩欲敢積深愁

그 곳에 나는 가지 못했지만 듣고 알았네,
유객은 황학루에 반드시 찾아본다고.
묘한 인연에 편액은 높이 걸려 기다리니,
무슨 까닭에 선인은 멀리 떠난지 오래네.
버들 색 한강 언덕에 녹음이 짙은데,
풀 향기 앵무주엔 가득 차 넘쳐 흐르겠지.
이태백 설화에 이백은 붓을 꺾어 던졌다는데,
감히 시를 짓고자 하니 깊은 근심만 쌓이네.

太宗雨

丙戌年(2006) 六月　三淸詩社

太宗時雨訪家鄕
田畓山川滿草香
農者鋤耕肥粒穀
騷人酒興得詩腸
淸溪漲溢豊年兆
荒地均霑盛世昌
感應天神新到處
聖君哀悼獻重觴

태종 시우에 내 고향을 찾으니,
전답 산천에 풀 향기 가득하구나.
농부는 김을 매 곡식을 살찌게 하니,
소인은 주흥에 시상을 얻네.
청계에 물 넘치니 풍년의 징조요,
황지를 고루 적시니 태평 성대하리.
천신도 감응하여 도처가 새로워,
성군의 애도를 술잔으로 거듭 받치리.

閏月自適

丙戌年(2006) 九月　三淸詩社

閏月農閒樂釣魚
秋光挑興好安居
山中仙跡憶仙境
溪谷草芽如草書
綠岸千林蟬歇後
壁空萬里雁來初
吟詩自適無杯樂
心氣風光豈不疎

윤월 농한기에 낚시질 즐거운데、
추광이 흥을 돋아 안거하기 좋구나。
산중에 신선의 흔적 선경을 생각하니、
계곡에 풀싹을 보니 초서와 같네。
푸른 언덕 천림에 매미소리 다하니、
푸른 하늘 만리에 기러기 처음 오네。
자적음시로 잔이 없어도 즐거운데、
풍광에 심기가 어찌 트임이 없으리。

仲秋佳節

丙戌年(２００６) 十月　三淸詩社

金聲蕭瑟玉樓寒
露色玲瓏七寶欄
綠野含風染四海
靑山吐月照千巒
江河白霧凝激湍
溪谷丹楓凝艷遲旦
佳節仲秋歸省客
黃波絕景有餘觀

가을바람 소슬해 옥루가 차가운데、
영롱한 이슬 빛 칠보의 난간이네。
푸른 들 바람 머금어 사해가 물들고、
청산이 달을 토해 천봉을 비추네。
강과 내에 하얀 안개 새벽에 엉기고、
산골짜기에 단풍이 여울에 엉기네。
중추가절에 고향으로 가는 객은、
황파 절경을 보고도 남음이 있으리。

七言律詩　240

蘆花如錦

丙戌年(2006) 十一月 三淸詩社

商風雁信素秋開
楓菊玲瓏七寶臺
千里長江流水遠
一帆斜日出山回
空懷物外煙霞賞
不覺書中歲月催
如錦蘆花誰有寫
應種佳景溢淸杯

찬바람에 기러기가 가을을 여니,
풍국이 영롱해 칠보석의 누대네.
천리 긴 강에 물은 멀리 흘러가고,
석양에 돛배는 산을 돌아 나오네.
빈 가슴 물외에 산수를 감상하는데,
글을 깨닫지 못했는데 세월만 재촉하네.
비단 같은 갈대꽃 그 누가 베낄 수 있나,
시월의 佳景이 술잔에 가득 넘쳤는데.

立冬已過

丙戌年(2006) 十一月　大韓漢詩學會

山色荒凉冷入簷
凄凄野畔朔風添
金天燕陣高飛去
蘆岸鴻群下降瞻
霜葉前庭無豈艶
露花後苑有何恬
枯凋草木殘香靜
午睡騷人似蜜甛

산색이 황량하여 처마에 냉기가 들고、
쓸쓸한 들판에 찬바람만 더해가네。
제비 떼 가을 하늘을 높이 날아가고、
기러기 떼 갈대 언덕에 하강을 보네。
앞뜰에 서리 맞은 단풍잎 고운데、
후원에 이슬 맞은 꽃 편하지 않네。
시들고 마른 초목에 잔향이 고요한데、
소객의 낮잠은 꿀맛과 같으니라。

瑞雪

丙戌年(2006) 十二月 三淸詩社

降雪豊徵似古今
村家到處厚仁心
老僧掃路來賓接
騷客登樓絶境尋
山野白衣仙界畵
冊籠靑簡聖人音
埋塵萬里天翁造
全景尤佳似錦襟

눈이 내려 풍년의 징조는 고금과 같아,
촌가 곳곳마다 인심이 두터워 지겠네.
노승은 길을 쓸어 귀빈을 맞이하니,
소객은 누대에 올라 절경을 찾고 있네.
산야에 흰 옷은 선경에 그림인데,
책장에 죽책은 성인의 소리가 가득하네.
티끌을 묻은 만리는 천옹의 조화라,
경치가 더욱 아름다워 비단 옷과 같네.

昨宵降雪

丙戌年(2006) 十二月　三淸詩社

雪飛昨夜四隣臨
農者豊徵皆悅心
親友迎房施酒宴
老人登閣欲詩尋
待君掃路思春信
看月烹茶聽瑟音
到處埋塵銀界展
朝光佳景滿山岑

어제 밤에 눈이 내려 사린에 임하니,
농민은 풍년 징조에 모두 기뻐하네.
친우를 방으로 맞아 주연을 베푸니、
노인은 누대에 올라 시를 찾고자 하네.
그대를 기다리며 길 쓸며 봄소식 생각하고、
달을 보며 차 끓여 거문고 소리 듣는다.
이르는 곳마다 티끌을 묻어 은계로 펼쳐지니、
아침빛에 경치가 산봉마다 가득하네.

願崇祖慕賢

丙戌年(２００６) 十二月　大韓漢詩學會

慕賢崇祖古今咸　
禮俗相傳後裔銜　
道義千秋施不竭　
綱常萬代用無緘　
士從舊法縫綿襪　
人振儒風着素衫　
如此專心今世範　
海東聖訓守超凡　

모현을 숭조는 고금과 다 같으니、
대대로 전하는 예속을 후손에게 품게 하세。
도덕과 의리는 천년을 베풀어 다하지 않고、
삼강오상은 만대를 써도 그침이 없네。
구법을 쫓는 선비 버선을 꿰매시니、
유풍을 떨치는 사람은 도포를 입으리라。
이와 같은 마음이면 금세에 모범이니、
해동에 성훈은 평범을 넘어 지키리라。

蘆花似雪

丙戌年(2006) 十二月　洌上詩社

蘆花似雪渚頭多
雁陣高飛訪水坡
萬里白波如錦艷
三秋紅葉戴霜皤
暫懷物外山河寂
不覺詩中歲月過
野菊丹楓爭艷裏
勝區佳景好融和

눈 같은 갈대꽃 물가에 많은데,
기러기 떼 높이 날아 물언덕 찾네.
만리의 흰 물결 비단같이 고운데,
가을에 홍엽은 서리를 이어 허였네.
물외를 잠시 품으니 산하는 고요한데,
깨닫지 않은 시는 세월만 지나네.
야국 단풍은 고운 색을 다투는 속에,
승구의 가경이 융화만 가득하네.

祝大神高等學校 15回 同窓會

丙戌年(2006) 十二月

大神高校送年迎
遠近同窓一席成
南漢江邊無窮憶
牛頭山麓不忘情
紅顏美貌今時異
黑髮佳公半百生
故友酒筵安否問
話談過日夜中賡

대신고교가 송년을 맞이하니,
원근에 동창 한자리에 모였네.
남한강변에 기억은 무궁하고,
우두산자락 정을 잊을 수 없네.
아름답던 얼굴에 미모는 이제 다르고,
검은 머리 귀공자는 반백이 되었네.
슬자리에 친구들 안부를 묻고,
지난날 이야기 밤중으로 이여지네.

謹賀新年

丁亥年(2007) 一月　大韓漢詩學會

斗星轉轉復回東
送舊迎新今昔同
槿域家家流瑞氣
黌宮處處起儒風
騷人覓句詠詩足
村老獻醪祈穀豊
惠慶三光天地照
高堂萬福願殷充

북두성 돌고 돌아 동으로 다시 도니,
묵은해 보내 새해 맞으니 금석이 같네.
근역 집집마다 상스런 기운 흐르고,
글방 곳곳마다 선비의 풍습 일어나네.
시인은 글을 찾아 시 읊는데 족하고,
노인은 술을 받쳐 풍년을 기원하네.
삼광이 경사를 베풀어 천지를 비추니,
고당에 만복이 가득하길 원하나이다.

嚴冬大雪

丁亥年(2007) 一月　成均館漢詩修練院

大地皆凝不草耕
嚴冬老婦自縫裙
騷人畫閣看書冊
儒士芸窓讀禮文
風月詩壇開錦軸
金蘭酒宴備肴芹
雪飛四海玄英裏
處處村翁總厄焚

대지가 모두 얼어 풀을 맬 수가 없어,
엄동에 노부는 스스로 치마를 꿰매네.
소인은 화각에서 서책을 보고,
선비는 운창에서 예문을 읽네.
풍월 시단에 비단에 시축을 여니,
금란 주연에 미나리 안주를 갖추네.
사해에 눈 날리는 겨울 속에,
곳곳에 촌옹은 모든 액을 불사르네.

惜歲幽懷(二)

丁亥年(2007) 二月　韓國漢詩協會

惜歲幽懷似每年
徘徊雁陣遠江邊
青山不變高空穿
綠水長流大海遷
送舊臘陽含別怨
迎新日月待良緣
梅花已綻佳香播
無冠浮雲去泰然

해가 가는 아쉬움 매년 같은데、
배회하는 기러기 강변에서 멀구나。
청산은 변치 않고 높은 하늘을 뚫으니、
푸르른 길게 흘러 대해로 이르네。
묵은해 보내는 납양은 이별 원한 머금으니、
새해를 맞는 일월에 좋은 인연을 기다리네。
매화는 이미 피어 아름다운 향기 풍기니、
지위 없는 뜬 구름은 태연하게 가누나。

惜歲幽懷(二)

丁亥年(2007) 二月　韓國漢詩協會

已傾斗柄暮今年
惜歲幽懷落照邊
送舊風雲窮北向
迎新日月自東遷
騷人覓句忘悲痛
墨客揮毫待好緣
節序循環回不變
江山物色守依然

북두성 이미 기울어 금년도 저무는데、
해 가는 아쉬움 낙조의 변방이네。
송구의 풍운은 북으로 향하니、
영구의 일월은 스스로 동으로 옮기네。
소인은 글 구 찾으며 슬픔을 잊고、
묵객은 휘호는 좋은 인연을 기다리네。
절서 순환은 변치 않고 도는데、
강산의 물색은 의연하게 지키는구나。

立春大吉

丁亥年(2007) 二月　大韓漢詩學會

東君布德碧尤松
日月循環節序從
天地三光恒久照
人家五福每頻重
南風野馬來超岸
梅信村翁出曳筇
楹柱名文祈大吉
門前瑞氣盡威容

동군 포덕에 소나무 더욱 푸르고,
해와 달은 돌고 돌아 절서를 따르네.
천지에 삼광이 항시 오래 비추니、
인가에 오복이 매번 자주 거듭되네。
남풍에 아지랑이 언덕을 넘어 오고、
매신에 노인은 지팡이 끌고 나가시네。
기둥마다 명문은 대길을 비니、
문전에 서기가 위엄을 다하네。

歲暮有感

丁亥年(2007) 二月　成均館漢詩修練院

寒波歲暮酷膚刪
盖雪山峯玉女鬟
送舊亥年忘秘禍
迎新日月豈無頑
循環節序循行轉
不息時間不斷潺
已綻梅香房裏滿
窓門閫響似綿蠻

세모 한파에 살을 깎듯 혹독한데,
눈 덮인 산봉은 옥녀의 쪽과 같네.
亥년을 보내며 숨은 재앙을 잊으니,
일월영신을 어찌 완고하지 않으리.
순환하는 절서는 순행하며 돌고,
쉬지 않는 시간은 쉬지 않고 흐르네.
이미 핀 매화향기 방안에 가득한데,
창문에 종이바람 새가 우는 소리 같구나.

新春雅會

丁亥年(2007) 三月　大韓漢詩學會

一枝梅影照南窓
解凍淸江汎鴨雙
嵐氣昇天如錦帶
韶光入室似銀釭
七賢崇尚起吾國
三德繼承傳萬邦
新迓蘭交詩軸展
佳肴美酒豈無腔

한 가지 매화 그림자 남창에 비추니、
어름 풀린 청강에 오리 한 쌍 떠있네。
아지랑이 하늘에 오르니 비단 띠 같고、
봄빛이 방에 들어오니 등불과 같네。
칠현의 숭상이 오국에서 일어나니、
삼덕의 계승은 만방으로 전하네。
새로 맞이하는 蘭交에 詩軸을 펼치니、
가효미주에 어찌 노래 가락이 없으리。

徐到東風 (二)

丁亥年(2007) 三月　三淸詩社

循環節序復回東
處處新芽長暖風
嵐氣臨田求菜姥
韶光滿野曳筇翁
山中躑躅夸開赤
江岸垂楊羡發紅
萬物蘇生爭進裏
景佳遠近自然豐

순환하는 절서가 다시 동을 도니、
곳곳에 새싹은 난풍에 자라네。
아지랑이 밭에 임하니 노모는 나물을 찾고、
봄빛이 들에 가득해 노인은 지팡이 끄시네。
산속에 진달래 붉게 피어 자랑하니、
강가에 버들은 붉게 핀 것을 부러워하네。
만물 소생이 다투어 나가는 속에、
원근의 가경이 스스로 풍부해지네。

徐到東風 (二)

丁亥年(2007) 三月　三淸詩社

布德東皇到海東
蘇生萬物起春風
韶光滿野招詩客
佳色流江待釣翁
籬落連翹成綻鞓
山中躑躅欲燃紅
萌芽玩賞斐斐裏
遠近佳香日日豊

봄 신이 덕을 펼쳐 내 나라에 이르니,
봄바람이 일어 만물은 소생하네.
봄빛이 들에 가득해 시객을 부르고,
물색이 강에 흘러 어옹을 기다리네.
울타리에 개나리 노랗게 피어 있는데,
산속에 진달래 꽃 붉게 타고자 하네.
새싹을 구경하며 오고 가는 속에,
원근의 가향이 나날이 풍부해지네.

鷹月迫頭 (二)

丁亥年(2007) 三月   成均館漢詩修練院

東皇布德及全郊
解凍街衢甚凸凹
嵐氣野田娛藥薺
惠風江岸弄楊梢
儒林覓句揮毛筆
騷客吟詩擧酒匏
窓外梅香方已綻
韶光萬物自親交

봄 신이 덕을 펴 온 들에 미치니,
해동으로 길가가 요철이 심하네.
아지랑이 야전에서 냉이 꽃과 즐기니,
봄바람 강 언덕에서 버들을 희롱하네.
유림은 글을 찾아 모필을 휘두르니,
소객은 시 읊으며 술 바가지 드네.
창 밖에 매화 향기 이미 터져 흐르니,
만물은 봄빛과 스스로 친하게 사귀더라.

鷹月迫頭 (二)

丁亥年(2007) 三月　成均館漢詩修練院

東皇布德出農郊
解土田園足跡凹
娘子采菜娛野馬
老叟曳杖睹楊梢
循環日月無停轂
寂寞乾坤豈繫匏
鷹月迫頭梅綻裏
騷人勸酒結蘭交

동황이 덕을 펴 들로 나가니,
해토한 전답엔 발자국이 오목하네。
낭자는 나물 캐며 아지랑이와 즐기니,
노인은 지팡이 끌고 버들가지 바라보네。
돌고 도는 일월은 쉼 없이 도는데,
정막한 건곤은 어찌 할 일이 없으랴?
이월 박두에 매화 꽃 피는 속에,
시인은 술 권하며 난교를 맺네。

註 :: 停轂 :: 바퀴가 머물다。
註 :: 繫匏 :: 걸려있는 바가지 。하는 일 없이 세월만 보냄

農者天下之大本

丁亥年(2007) 三月　先農祭享保存會　贊助詩

稼穡方途敎海東
四郊田畓起耕風
人勤處處生豪富
雨順家家告大豊
后稷司師成巨事
神農創業樹宏功
萬民以食無飢色
根本從來遠困窮

가색의 방도를 해동에서 가르치니,
온 들 논밭에 농경풍토가 일어나네.
사람 부지런한 곳곳에 호부가 나니,
비가 내려 집집마다 대풍을 알리네.
후직씨 벼슬을 맡아 큰일을 이루었고,
신농씨 창업으로 큰 공을 세우셨네.
음식으로 만민은 주린 기색이 없으니,
근본을 쫓으면 곤궁은 멀어지리라.

暮春(二)

丁亥年(2007) 四月

亂飛絮雪覆穠春
眞理常存萬里新
蝶舞花間遊影子
鶯歌柳上弄行人
惠風淑氣生三界
芳草佳香起四隣
到處山河連綠帶
黑雲靆靉碧空塵

버들개지 어지럽게 날아 봄을 덮으니,
진리가 상존하니 만리가 새롭구나。
꽃 사이 나비 춤추며 그림자와 노니,
버들가지의 앵가는 행인을 희롱하네。
혜풍에 맑은 기운이 삼계를 낳으니,
방초의 가향이 사린에서 일어나네。
산하 도처에 푸른 띠가 이어지는데,
흑운 황사는 푸른 하늘에 티끌이로다。

註 : 靆靉(매예) : 흐릿한 흙비가 덮음.

暮春(二)

丁亥年(2007) 四月　木浦詩社

絮雪亂飛促暮春
四郊佳景暖風新
杜鵑啼血悲離酌
黃鳥聽歌兆遇人
芳草溪邊垂翠帶
落花園裏結紅隣
東君未覺知袂別
萬綠何間覆世塵

버들개지 어지럽게 날아 모춘을 재촉하니,
온 들에 가경이 난풍에 새롭구나.
두견이 애절히 울어 이별잔치 아쉬운데,
꾀꼬리 소리 들으니 좋은 사람 만날 징조네.
방초는 계변에서 푸른 띠를 드리우고,
낙화는 동산 속에서 붉은 이웃과 맺네.
동군은 깨닫지도 못했건만 이별을 알고,
어느새 만록이 세상에 티끌을 덮었네.

觀始皇帝陵有感

丁亥年(2007) 四月
第16回 京畿道書藝大展 受賞作家와 中國旅行

復訪秦陵十五年
感懷無異又新連
催詩麗景光陰送
憶史餘情累代傳
天下英雄鄕夢寢
俑坑魂魄客心遷
世評過事問誰職
不覺永眠封鎖堅

진시황의 능을 다시 찾은 지 십 오년,
감회는 다름없이 또 새롭게 이어지네.
시를 재촉하는 경치는 광음을 보내고,
지난 세월의 남은 정을 대대로 전하네.
천하의 영웅도 고향을 그리며 잠들었는데,
용갱의 혼백이 나그네 곁으로 다가오네.
지난 일의 세평을 누구에게 물어 알까?
영면에서 깨어나지 못하게 굳게 봉했는데.

七言律詩　262

敬老

丁亥年(2007) 五月　大韓漢詩學會

近間敬老久忘時
勸冊儒林願覺知
三德勤行倫習本
五經自到孝從基
事親子道恒常樂
導幼師情每日怡
孔孟訓言風度繼
太平聖代不何期

근간에 경노사상 잊은 지 오래 되어서、
유림은 책을 권해 스스로 알기를 원하네。
삼덕에 힘써 도덕윤리의 근본을 익히면、
오경에 스스로 이르러 효의 기초가 따르리。
자식된 도리로 어버이 섬기니 항상 즐겁고、
스승은 정으로 어린이 인도로 매일 기쁘시네。
공맹의 훈계 말씀에 풍도를 이어 가면、
태평한 세상을 어찌 기약하지 않으리。

麥秋

丁亥年(2007) 六月　大韓漢詩學會

黃雲廣野待鴻徽
今昔黎民麥飯依
刈穫田郊藏汗滴
移秧水畓濕麻衣
薰風草木時時長
慈雨苹梨日日肥
煎餅農家油馥滿
何間心氣故鄉歸

광야의 황운에 큰 덕을 기다리는 것은、
고금에 여민은 보리밥에 의존함이네。
곡식 거두는 들에서 땀방울 감추거니、
모심는 논 속에서 마의가 축축하네。
훈풍에 초목은 때때로 자라거니、
자우에 사과 배는 나날이 살찌네。
농가에 전병 볶는 유향이 가득하니、
어느새 마음은 고향으로 돌아가네。

仲夏卽景

仲夏濃陰四海覃
采詩騷客樂杯三
北村處處幽芳草
南島田田熟蜜柑
水畓兒童喧獲蚪
村家老母急農蠶
自然景色無窮裏
把酒江山豈不慚

丁亥年(2007) 六月　成均館漢詩修練院

중하 녹음이 짙어 사해에 미치니,
글 찾는 소인은 석잔 술로 즐기네.
북촌 곳곳에 풀 향기 그윽한데,
남도에 밭마다 감귤이 익어가네.
논에서 아동은 올챙이 잡느냐 시끄럽고,
촌가에 노모는 누에치기에 바쁘시네.
자연의 경색이 끝없이 펼쳐지는 속에,
강산에서 잔 잡으니 어찌 부끄럽지 않으리.

陰下讀古書

丁亥年（２００７）七月　大韓漢詩學會

山麓溪邊草屋居
讀書聖訓冊中餘
古文解理難皆達
歲月如龜不逝徐
騷客尋詩恒數詠
兒童學藝或間漁
儒玄道德根枝繼
何處花冠遂馬裾

註：儒玄：儒敎와 道敎。 孔孟의 學問과 老莊의 學問。

산기슭 물가에 초가집 짓고 살면서、
책 읽으니 성훈이 책 속에 남았네。
고문에 이치를 풀어 모두 통달하긴 어려운데、
세월은 거북이 같이 천천히 가지를 않네。
소객은 시를 찾아 항상 자주 읊고、
아동은 학문을 배우며 간혹 고기도 잡네。
유현의 도와 덕에 근지를 이어 가면、
어느 곳에서든지 말과 곰의 가 따르리라。

願時和年豊

丁亥年(2007) 七月　韓國漢詩協會

江山秀麗我邦城
霧散全郊似露清
老士吟詩酣夏景
萬民流汗待秋聲
苹梨慈雨速生長
禾黍薰風徐熟成
到處豊年農樂聽
無窮國祚禱繁榮

강산 수려는 나의 나라에 성인데,
안개 사라진 들은 이슬같이 맑구나.
노사는 시를 읊어 하경을 즐기고,
만민에 땀 흘려 가을을 기다리네.
사과 배는 자우에 빨리 자라는데,
화서는 훈풍에 더디게 익어가네.
이르는 곳마다 농악소리 들으며,
무궁한 국운과 번영을 기도하리.

新秋迫頭 (二)

丁亥年(2007) 八月　成均館漢詩修練院

江山秀麗遍遐瞻
物色如花豈一籤
盛世象徵飛白鶴
豐年豫見顯金蟾
天神灑雨全郊綠
農者鋤禾兩頰黔
遍賞名區詩軸展
吟觴盡日樂何嫌

강산 수려해 원근을 쳐다 보니,
물색이 꽃 같아 어찌 하나를 뽑으리.
성세를 상징하는 흰 학이 나니,
풍년을 예견하는 금 두꺼비 나타나네.
천신이 비 뿌려 온 들이 푸르데,
농자는 김을 매 두 볼이 검었네.
명구를 두루 감상하며 시축을 펼쳐,
진일 음상의 즐거움 어찌 싫어하랴.

新秋迫頭(二)

丁亥年(2007) 八月 成均館漢詩修練院

華麗江山遠近瞻
名區佳景選何籤
豊年豫見飛雙鶴
慶福明徵倚一蟾
君子處窮無怨困
小人臨富剩希黔
農夫萬頃黃雲待
把酒新秋豈有嫌

화려한 강산에 원근을 바라보니,
명구의 가경을 어찌 가려서 뽑으리오.
풍년을 예견하는 학이 쌍 지어 나니,
경복의 명증은 두꺼비의 말미암음 일세.
군자는 곤궁에 처해도 빈곤을 원망치 않고,
소인은 부자에 임해도 검은 것을 바라네.
농부는 만경에 황운을 기다리며,
신추에 술잔을 어찌 싫어함이 있으랴.

勸學

丁亥年(2007) 八月

明師勸學後人牽
指導養成當敎鞭
經典琢磨求智慧
古書訓讀得恭虔
老僧欲道千年待
賢士修眞萬歲傳
是故儒玄風習遂
太平聖代豈無連

명사는 학문을 권해 후인을 이끌고,
지도육성에 회초리가 마땅하네.
경전으로 갈고 닦아 지혜를 구하면,
고서 읽어 새겨 공건함을 얻으리.
노승은 도를 얻고자 천년을 기다리고,
현사는 진리를 닦아 만년을 전하네.
이런 고로 유현의 풍습을 쫓으면、
태평성대를 어찌 이음이 없으리。

光復節有感 (一)

丁亥年(２００７) 八月　韓國漢詩學會

雲消八月萬民俱
太極旗揚再現衢
侵境倭奴吾國賊
殺身烈士世人模
自思氣魄強如鐵
獨立精神貴似珠
光復送迎周甲越
喊聲其日豈忘乎

구름 없는 팔월 만인과 함께 해、
태극기 휘날려 거리마다 재현하네。
왜노의 침경은 내 나라의 도둑이요、
열사의 살신성인은 세인의 모범이네。
자사 하는 기백은 쇠같이 강하고、
독립정신은 진주같이 귀하네。
광복의 송영은 회갑이 넘었건만、
그 날에 함성을 어찌 잊으리오。

光復節有感(二)

丁亥年(2007) 八月　大韓漢詩學會

光復歡迎世界俱
喊聲萬歲振天衢
倭奴思想千秋惡
烈士精神後代模
祖國求心無恐劍
先賢愛族貴如珠
平和統一其時待
太極旗揚盍願乎

광복의 기쁨을 맞아 세계가 함께 하니,
만세의 함성이 하늘까지 떨치네.
왜노의 과오 죄악은 잊기 어렵고,
열사의 정신은 모범을 계속 이으리.
조국을 구하는 마음 칼도 두렵지 않고,
선현의 겨레 사랑은 진주같이 귀하네.
평화 통일의 그 때를 기다려,
태극기 휘날림을 어찌 원하지 않으리.

農者天下之大本　丁亥年(2007) 三月　先農祭享保存會

興復耘耕起海東
四郊田畓滿春風
昭陽地涯施殷澤
布穀山中告大豊
后稷司師求世事
神農創業爲民功
以人飽食當然理
大本順從免困窮

가는 부흥 우리나라에서 일어나니、
온 들 밭과 논에 봄바람 가득하네。
소양은 땅 끝까지 은택을 베푸니、
뻐꾸기 산속에서 풍년을 알리네。
후직씨 벼슬을 맡아서 세사를 구하니、
신농씨 창업은 백성을 위한 공이었네。
사람으로서 배부름은 당연한 이치인데、
근본에 순종한다면 곤궁은 면하리라。

仲秋佳節

丁亥年(2007) 九月　三淸詩社

明月仲秋雁行天
全郊蕭瑟告豐年
古今玉露瓏花上
遠近霜楓艶眼前
君子處窮佳節保
儒林世守美風賢
黃波萬頃添山景
民俗嘉俳豈不傳

중추 밝은 달에 하늘높이 기러기 줄지니,
온 들에 소슬 바람이 풍년을 알리네.
고금에 옥로는 꽃 위에서 영롱하고,
원근에 서리 맞은 단풍은 안전에서 곱네.
군자는 곤궁에 처해도 가절을 보전하고,
유림은 세대를 지켜 미풍에 현명하네.
만경 황파에 산 경치를 더하는데,
민속에 가배를 어찌 전하지 않으리.

仁川逍遙

丁亥年(2007) 十一月 三淸詩社

雅會仁川到早朝
飛鷗睹海自然饒
漁船遠洽鮮魚獲
汽笛長鳴錦旆飄
松木汤淄常見凜
菊花月尾久留韶
波濤聽取逍遙裏
勸酒其時憶故僚

아회로 인천에 아침 일찍 이르니,
갈매기 나는 바다를 보니 자연히 풍요롭네.
어선은 멀리 미처 좋은 고기 잡고,
기적소리 길게 울며 비단 깃발이 휘날리네.
물치의 소나무 항상 보아도 늠름하고,
월미의 국화는 오래 머물러 아름답네.
파도소리 들으며 거니는 속에,
술 권하던 그 시절 옛 동료 생각나네.

註 : 月尾島 : 월미도는 인천시 중구 북성동에 있는 육지도이다.
지명이 달의 꼬리처럼 휘어져 있는 데서 유래

註 : 芍藥島 : 작약도는 인천시 동구 만석동 북서쪽에 위치. 일본인 화가가 사들여
섬이 작약꽃봉오리 같다고 하여 작약도라 함. 원래의 이름은 汤淄(물치)이다.

丁亥大雪吟

丁亥年(2007) 十二月 三淸詩社

昨宵飛雪四隣新
得景騷人處處親
籠木白雲朝日赫
埋塵銀界夕陽淳
失寒氣象無聲變
忘候風神不語巡
物色眼前成錦軸
吟詩秘境後人伸

어제 밤 눈 날려 사린이 새로워,
경치를 얻은 소인은 곳곳마다 친하네。
농목에 흰 구름은 아침 해에 빛나고,
티끌을 묻은 은계는 석양에도 맑네。
찬기를 잃은 기상은 소리 없이 변하고,
절후를 잃은 풍신은 말없이 도네。
안전에 물색을 금축에 담아,
시를 읊어 비경을 후인에게 펼치리라。

小春感懷吟

丁亥年(2007) 十二月　大韓漢詩學會

小春飛雪感懷新
落木花開作美隣
江岸雁聲遝邇異
山河月色暗明均
失時殘菊乃無馥
得意寒風有不親
窓下梅花將欲綻
冬天陰氣四方伸

소춘에 눈 날려 감회가 새로운데、
나목에 꽃이 피어 아름다운 이웃 만들었네。
강 언덕에 기러기 소리 원근에서 다른데、
산하에 달빛이 고루 어두움을 밝게 하네。
때를 잃은 잔국은 이내 향기가 없고、
뜻을 얻은 한풍은 친하지가 않네。
창 아래 매화는 장차 피고자 하는데、
겨울 하늘 음기가 사방에 펼쳐지네。

高校同窓送年會感懷吟

丁亥年(2007) 十二月　高校同窓　送年會

年年歲暮感懷新
故友欲逢來四隣
對面容華含笑滿
勸言眼采美迎賓
靑春自失其誰怨
黃老追從豈弟仁
富貴功名忘却暫
擧杯樂裏熟和親

해마다 세모에 감회가 새로워
옛 친구 만나고자 사린에서 오네.
대면하는 아름다운 얼굴엔 웃음이 가득하고、
말 권하는 눈빛은 손님을 맞이하듯 아름답네.
청춘을 스스로 잃었으니 누구를 원망하랴、
노자의 도를 쫓으면 용모가 어질어 지는데.
부하고 고귀한 공명도 잠시 잊어버리고、
술잔 들어 즐기는 속에 화친이 익어가네。

嚴冬雪寒

丁亥年(2007) 十二月　成均館漢詩修練院

含雷布德四時仁
錦繡江山古代因
仙境清風千歲景
澄空明月萬年賓
煎茶淑女爐邊倚
覓句騷人意似淳
遠近六花連槿域
登豊五穀滿倉囷

註 : 六花 : 눈(雪)의 딴 이름

천신이 덕을 베풀어 사시가 어질어,
금수강산은 고대로부터 인하였네,
선경에 맑은 바람은 천년에 경치요,
맑은 하늘에 명월은 만년의 손이네.
차 다리는 숙녀는 화로 가를 의지하고,
글 구 찾는 소인은 순박함이 뜻과 같네.
원근에 雪은 근역으로 이여 지니,
풍년이 들어 오곡이 창고에 가득하리.

謹賀新年吟

戊子年(2008) 一月　三淸詩社

除夜鐘聲戊子開
洪鈞瑞氣萬家來
新年吉事迎東岸
舊歲災殃送北臺
物外常看紅日赫
書中不覺白頭催
鴻溝統一何時遂
國泰民安禱以杯

제야의 종소리가 무자년의 새해를 여니、
하늘에 상서로운 기운이 만가로 오네。
신년에 길사를 동쪽 언덕에서 맞이하고、
송구에 재앙은 북쪽 누대로 보내리。
물외를 항상 보아도 붉은 태양은 밝은데、
글은 깨닫지도 못했는데 백두만 재촉하네。
양분된 경계의 통일은 어느 때에 이루느는지、
국가와 백성의 안녕을 잔으로써 빌리라。

國寶1號崇禮門燒失有感(一)

戊子年(2008) 二月 十日

今朝崇禮視瞻通
國寶人災失夜中
地慟天悲流淚水
民驚心痛泣孩童
不傳遺産萬年恨
欲繼文財千載懍
六百星霜能固守
都城灰爐煤飛風

오늘 아침 숭례문을 바라보며 지났는데、
인재로 국보일호를 밤중에 잃었네。
땅이 통곡하고 하늘도 슬퍼 눈물 흘리니、
온 국민 놀라 마음 아파하니 아이도 울었네。
유산을 전하지 못하니 만년의 한이요、
문화재 잇고자 하니 천년의 부끄러움이네。
육백년의 세월을 능히 굳게 지켜 왔는데、
도성에 재와 그을음만이 바람에 날리네。

國寶1號崇禮門燒失有感(二)

戊子年(2008) 二月 十日

崇禮門邊過午前
今宵國寶火包煙
五時水灑全燒失
六百星移豈繼傳
惹起悲哀千載恨
欲忘苦痛萬年聯
嗚呼變炭憑誰問
民族魂靈盡難遷

승례문 가를 오전에 지나갔는데、
오늘 밤 국보가 불 연기가 에워 쌓네。
다섯 시간의 물을 뿌려도 불에 타 없으니、
육백년의 세월을 어찌 이어 전하리。
슬픔이 일어나니 천년의 한이요、
고통을 잊고자 하나 만년을 잇네。
오호 숯으로 변했으니 누구에게 물을꼬?
민족의 혼령을 힘 다해 옮기기 어려운데。

臘月迫頭

戊子年(2008) 一月　鷺江詩社

朔風寒雪四隣覃
裸木江山冬迓三
君子立身通讀冊
老僧欲道坐禪庵
揮毫筆客墨香醉
覓句騷人佳景貪
萬里賓鴻來又去
梅開窓下樂觴談

삭풍한설이 사린에 미치니、
강산에 나목은 삼동을 맞네。
군자는 입신하고자 책을 통독하고、
노승은 도 닦고자 암자에 좌선하네。
휘호하는 필객은 묵향에 취하니、
글 구 찾는 소인은 가경을 탐내네。
만리에 기러기 손은 오고 가는데、
매화 피는 창 아래서 담소하며 즐기리。

歲暮有感

戊子年(2008) 一月　成均館漢詩修練院

又過歲暮滿淸芬
逢友瓊筵一酌醺
市井紅燈如月掛
天庭白雪似花紛
小人自慢功名赫
君子無貪學事勤
佳景感懷詩軸寫
迎新送舊喜音聞

한 해가 또 지나니 맑은 향기 가득한데、
경연에서 친구를 만나 한잔 술에 취하네。
저자에 붉은 등은 달 같이 걸려 있고、
하늘에 흰 눈은 꽃 같이 어지럽게 나네。
소인은 스스로 자랑해 공명에 밝고、
군자는 탐냄 없이 학사에 부지런하네。
아름다운 경치를 느끼면서 시축에 담아、
묵은해 보내고 영신에 기쁜 소리 듣는다。

新年感懷吟(二)

戊子年(二○○八) 一月　大韓漢詩學會

迎年早旦卜天文
萬事亨通吉運云
溫故知新改失德
安貧樂道逸如雲
小人慾海公明赫
君子修身學問勤
前景感懷詩軸寫
一觴一詠不何欣

새해 이른 아침에 천문에 점을 치니,
만사가 형통하여 길운이라 이르네.
온고지신으로 잃은 덕을 고치면,
안빈낙도하여 구름같이 편안하리.
소인은 바다 같은 욕심이 공명에 밝고,
군자는 몸을 닦아 학문에 부지런하네.
눈앞에 펼쳐지는 감회를 시축에 담아,
술 마시며 시 읊음이 어찌 기쁘지 않으랴.

歲時風習吟(二)

戊子年(2008) 二月　大韓漢詩學會

歲時風習繼承源
家內和同大小敦
世事仁心興市井
人情厚意溢農村
年頭禍福知占卦
早旦聰明得瓦樽
美俗德談交往裏
知新溫故豈無繁

세시풍습 근원을 이어받으니,
집안이 화동하여 대소가 돈독해지네.
세상사 인심은 저자에서 생기고,
인정의 두터움 농촌에서 넘치네.
새해에 화복을 점을 쳐서 알고,
이른 아침에 총명은 와준으로 얻네.
미속에 덕담이 오고 가는 속에,
온고지신하니 어찌 번성하지 않겠는가？

新年感懷 (二)

戊子年(2008) 二月　成均館漢詩修練院

美風良俗舊正還
謹賀新年喜迂閒
溫故知新奇想起
安貧樂道苦心刪
德談悠久儒林繼
歲拜近來親族間
萬事亨通祈願裏
世人多福禱登攀

미풍양속의 구정이 돌아오니,
신년하례 한가하게 맞아 기쁘네.
온고지신으로 기이한 생각을 일으켜,
안빈낙도하여 괴로운 마음을 깎네.
옛날에 덕담은 유림이 이으니,
근래의 세배는 친족 간에만 이루네.
만사형통의 소원을 바라는 속에,
세상 사람은 많은 복을 산에 올라 비네.

新年感懷(二)

戊子年(2008) 二月　成均館漢詩修練院

歲時風習舊正還
謹賀新年萬事閒
忙母饅頭槃麵扭
欲童擲柶木枝刪
碧溪綠水清流逝
黑髮靑春變瞬間
授受德談情老小
儒林頑守願杯攀

세시풍습이 다시 돌아 이르니,
근하신년에 만사가 한가하네.
어미는 반죽해 만두 하시랴 바쁘신데,
아동은 윷놀이 하고자 나무를 깎네.
푸른 계곡에 푸른 물은 맑게 흘러가는데,
검은 머리의 청춘은 순간으로 변하네.
주고받는 덕담은 노소의 정인데,
유림은 완고히 지켜 잔을 잡아 원하네.

月令之孟春

戊子年(２００８) 三月　大韓漢詩學會

山谷解氷江水寒
春風霧散四隣寬
玄英北退雪消悵
靑帝東臨梅綻歡
澆世題詩何有易
良書覺劍豈無難
新芽地動農時報
豊歲珍羞待盛餐

산골짜기 얼음 녹아 강물은 찬데、
춘풍에 안개 살아져 사린이 너그럽네.
겨울이 북으로 가니 눈 녹아 섭섭하고、
청제가 동에 임해 매화 피어 기쁘네.
경박한 세상 시제에 어찌 쉬움이 있으며、
양서라도 깨달음이 어찌 어려움이 없으리.
새싹이 땅을 움직여 농시를 알리니、
금년에 풍년 들어 진수성찬을 기다리리.

仲春擧頭

戊子年(2008) 三月　成均館漢詩修練院

陽春布德醒眠郊
水漲山谿産卵蛟
甘雨渙氷萌動凸
惠風解土足痕凹
騷人覓句長毫把
庶老臨樓短杖拋
到處芳菲皆玩愛
勝區焉擇得詩抄

봄볕이 덕을 펴 들이 잠에서 깨니,
물불은 산골짝에 교용이 알을 낳네.
감우가 얼음 녹이니 싹이 터 뾰족하고、
혜풍에 땅 풀리니 발자국이 우묵하네。
소인은 글 구 찾아 긴 붓을 잡으니、
서노는 누대에 임해 지팡이를 놓았네。
도처에 꽃향기를 모두 사랑하는데、
승구를 어찌 가려 시를 베껴 얻을까?

今顧吾社六年

戊子年(2008) 三月　三淸詩社

三淸雅會海東明
不朽宜稱萬古名
僚友羨望難禮讚
儒林蹶起頌歡聲
常偕翰墨千秋業
欲覺瓊筵歲月爭
今顧六年過跡事
永傳詩集發刊成

삼청의 아회가 해동에서 밝으니、
썩지 않는 좋은 칭호 불멸의 이름이네。
동료들 부러워하며 예찬하기 어려운데、
유림은 일어나 환성으로 칭송하네。
늘 함께 한 붓과 먹은 천추의 업인데、
깨닫고자 하는 자리엔 세월만 다투네。
이제 육년이 지난 자취를 돌아보니、
영원히 전할 시집을 발간했네。

奉行先農大祭(一)

戊子年(2008) 三月　奉行先農大祭

先農大祭奉行年
稼穡豐登祈願筵
俎豆官員儀典肅
羹牆儒士慕心全
黎民素業還恢復
明主洪恩遠振宣
后稷炎皇遺業繼
偉功赫赫後孫傳

선농의 대제를 해마다 봉행하여,
농사의 풍임을 기원하는 자리네。
조두에 관원은 의전에 엄숙하고,
추념하는 유림은 모심이 온전하네。
여민에 소업은 크게 다시 돌아오니,
군주에 큰 은혜 오래 떨쳐 베푸셨네。
후직 신농씨의 큰 유업을 이어,
위공의 빛남을 후손에게 전하리。

七言律詩　292

奉行先農大祭(二) 戊子年(2008) 三月 先農壇漢詩

營農奉祭每回年
守本先壇不滅筵
種作獻身心氣足
耕耘盡力屋潤全
炎皇萬世元功布
后稷千秋大業宣
是故黎民勤稼穡
子孫富貴自然傳

영농의 봉제가 매년 돌아오니、
근본을 지키는 선단은 불멸의 자리이네。
씨 뿌리고 농사지으니 마음이 풍족하고、
경전에 힘 다하니 모든 집이 윤택하네。
염황은 만세에 큰 공훈을 펼치시고、
후직은 영원히 전할 대업을 베푸셨네。
이런 고로 백성이 농사에 힘쓰면、
자손에게 부귀를 자연히 전하리。

病月卽景

戊子年(2008) 三月　成均館漢詩修練院

陽春病月四郊嘉
嵐氣韶光滿地斜
江岸看看含影柳
路邊處處散香葩
幽香賞客能餘醉
妙舞飛蜂豈減奢
青帝施仁更萬物
日新佳景鳥聲加

양춘 삼월에 온 들이 아름다움은,
아지랑이 소광이 만지에 빗기였네.
강안은 어느덧 버들 그림자 머금으니,
길가 곳곳에 꽃향기가 흩어지네.
상객은 유향에 능히 취하고도 남고,
나는 벌 묘무에 어찌 사치함을 덜까.
청제가 어짊을 베풀어 만물은 갱생하니,
일신하는 가경에 새소리 더해가네.

陽春

戊子年(2008) 三月　大韓漢詩學會

陽春病月每回年
青帝東臨大德宣
萬草看看生長美
百花處處滿開妍
山園白粉如飛雪
江岸紅塵似繞煙
遠近佳香橫去路
騷人景色不移筵

양춘 삼월이 매년 돌아와、
청제 소광이 큰 덕을 베푸셨네。
만초는 어느덧 생장하여 아름답고、
백화는 곳곳에 만발하여 예쁘네。
산원에 흰 가루 눈이 날리는 것 같고、
강안에 홍진은 연기 두른 것 같네。
원근에 가향이 가는 길 막으니、
소인은 경색에 자리를 옮기지 않네。

穀雨晩慶 (二)

戊子年 四月 이십이일대한한시학회

暮春和氣布玄天
穀雨東臨立夏前
萬里韶光嘉滿地
四郊佳景起周邊
杏花灼灼千家院
柳絮依依萬里煙
蝶舞蜂飛農季報
騷人慶事賀詩筵

모춘에 화기를 현천에서 펴니、
곡우는 동으로 임해 입하 전이네。
만리의 소광은 만지에서 아름답고、
사교의 가경은 주변에서 일어나게。
살구꽃 천가 담에서 찬란하게 피니、
만리의 유서는 연기 같이 무성하네。
나비 춤추고 벌 날아 농시를 알리니、
소인은 경사를 시연에서 하례하네。

穀雨晚慶 (二)

戊子年(2008) 四月　木浦詩社

穀雨潤霑布德天
勝區佳景暮春前
四郊綠浪和風岸
萬里紅塵落日邊
山裏禽聲豊歲曲
江頭柳色艷朝煙
農夫種月耕雲樂
騷客吟詩慶祝筵

곡우에 하늘이 덕을 펴 적시니,
승구의 가경은 모춘오기전이네.
온 들에 녹파는 화풍에 언덕이고,
만리의 홍진은 석양에 주변이네.
산 속에 새소리는 풍년의 곡인데,
강가에 버들 색은 아침연기에 곱네.
농부들 씨 뿌리고 밭 갈아 즐거운데,
소객은 시를 읊어 이 자리를 경축하네.

鳥啼花笑

戊子年(2008) 四月　成均館漢詩修練院

千里江山自壽昌
鳥啼花笑不春長
芙蓉水上瓏朱玉
楊柳川邊繞綠裳
風月淸懷詩萬首
天時快感酒三觴
草香到處皆盈際
物色尤佳似故粧

천리 강산은 스스로 오래 창성 한데、
새 울고 꽃이 피는 봄은 짧기만 하네。
연꽃은 물위에서 주옥같이 영롱한데、
양류는 천변에서 푸른 치마를 둘렀네。
풍월에 맑은 회포는 시 만수를 낳니、
자연의 현상으로 쾌감은 석잔 술이네。
풀 향기 이르는 곳마다 모두 가득한 때에、
물색은 더욱 아름다워 옛날 단장과 같구나。

病月欲暮

戊子年(2008) 四月　成均館漢詩修練院

暗香三月四隣淸
金虎彬彬草木榮
田野牛耕靑帝跡
江頭柳織老鶯聲
名區詠句詩千首
別界逢朋酒一觥
萬物知時粧飾裏
山河初夏慾親迎

그윽한 향기 풍기는 삼월은 사린이 맑고,
태양이 찬란하니 초목의 영화이네.
전답에 밭을 가는 것은 봄 신의 흔적이데,
강가에 버들 짜는 것은 늙은 꾀꼬리 소리네.
명구에서 시를 읊는 것은 시가 천수고,
별계에서 만난 벗은 한잔의 술이네.
만물은 때를 알아 장식하는 속에,
산하는 초하를 친히 맞이하고자 하네.

四月南風大麥黃

戊子年(2008) 五月　成均館漢詩修練院

全郊麥穀瑞風登
萬頃黃雲日日增
田野抽豐知足裕
村家退餓喜心凝
老夫飲酒千愁減
騷客吟詩每事興
衣食住其中大業
爲先農作世人稱

온 들에 백곡은 서풍에 여무니,
만경에 황운이 나날이 더해가네.
전야에 풍년을 거둬 넉넉함을 아니,
촌가에 굶주림이 없어 희심이 엉기네.
노부는 술을 마셔 온갖 근심 덜고,
소객은 시를 읊어 매사에 흥겹네.
입고 먹고 사는 것중에 대업은,
제일 먼저 농사를 세인들이 칭하네.

斯文振作 (二)

戊子年(２００８) 五月　成均館進士生員試

斯文振作冠吾東
忠孝精神今古同
聖法追修堯舜德
人才養育孔荀功
綱常繼本千年裕
經典承根萬世隆
學問復興賢士意
儒玄眞理鑑無窮

사문진작은 오동에서 으뜸이라、
충효정신이 예나 지금이나 한가지네。
성현추수는 요임금 순임금의 덕이요、
인재양육은 공자와 순자의 공이네。
강상의 근본을 이으면 천년이 넉넉하고、
경전의 근본을 이으면 만년이 융성해지리。
배우고 묻는 부흥은 현사의 뜻이니、
유현의 진리는 무궁한 거울이로다。

註‥經典‥유교의 성전 즉 사서오경
註‥儒玄‥孔孟과 老莊의 학문

斯文振作 (二)

戊子年(2008) 五月

振作斯文冠海東
宣仁盡孝古今同
三經智計莊老德
五典明規孔孟功
聖法從風千載寶
人才養育萬年隆
冊中似鑑名言滿
傳世眞詮豈有窮

사문 진작은 내 나라에서 밝은데、
인을 베풀고 효를 다하니 고금과 한가지네。
삼경의 지모는 증자와 주희의 덕이요、
오상의 밝은 규범 공자와 맹자의 공이네。
성현의 법을 복종하면 천년의 보배요、
인재를 기르는 것은 만년이 융성해지리。
책 속에 거울 같은 명언이 가득하데、
후세에 길이 전할 참된 깨달음 무궁하네。

吟漢江夜景(一)

戊子年(2008) 五月　三清詩社

漢江麗景海東明
朗月和風船上橫
兩岸燈光瓏水色
千川日暮盡船聲
南山勝地元天下
汝島登樓最地平
少長文豪瓊宴樂
三清雅會萬年名

한강에 아름다운 경치 해동에서 밝은데、
밝은 달 맑은 바람이 배 위를 스치네。
양 언덕에 등불이 물빛에 영롱하니、
천내에 기우니 뱃소리 다하네。
남산에 승지는 천하의 으뜸이고、
여의도 63빌딩 평지에서 뛰어났네。
노소의 문인들 좋은 자리에 즐기니、
삼청의 시회는 만년의 이름이로다。

吟漢江夜景(二)

戊子年(2008) 五月　三淸詩社

麗景榴花槿域明
近臨大廈夕陽橫
登樓騷客瞬間喜
流水江風千古聲
坐視都城衆車亂
仰觀木覓我心平
文豪競演吟詩樂
洌上佳稱不朽名

석류화 같은 여경이 근역에서 밝은데,
63빌딩에 가까이 임하니 석양이 비끼네.
누대에 오른 소객이 순간으로 기쁜데,
강풍에 흐르는 물은 영원한 소리네.
도성을 앉아서 보니 차무리 어지럽고,
남산을 우러러 보니 내 마음 평화롭네.
문인들 경연으로 시를 읊어 즐거운데,
한강은 좋은 명칭으로 썩지 않는 이름이로다.

吟漢江夜景感懷

戊子年(二○○八)五月　三清詩社

汝矣電燈兩岸明
大橋南北似虹橫
騷人得筆移詩想
遊客忘言聽水聲
冠岳奇麗連至極
南山佳景感承平
漢江燦爛光輝展
永遠長流不朽名

한강에 전등은 양 언덕에서 밝은데,
대교는 남북을 이어 무지개 같구나.
소인은 붓을 얻어 시상을 옮기니,
유객은 말을 잊고 물소리 듣네.
관악산의 기려가 끝없이 이어지니,
남산의 가경이 태평함을 느끼네.
강에 휘황찬란한 불빛 펼쳐지니,
영원히 흐를 썩지 않음을 이름이여.

泮宮懷古

戊子年(２００８) 六月　成均館進士生員試　再現行事

泮宮懷古展今時
儒士衣冠豈有彛
養育英才訓話本
登庸要職競詩基
杏壇教德人間及
錦榻求仁世上垂
刮垢摩光恩孔孟
斯文振作大功熙

반궁회고를 이제와 펼치는데,
유림의 의관이 어찌 떳떳함이 있으리.
영재양육은 훈화로 근본으로 삼고,
요직에 등용은 시를 겨뤄 기초했네.
행단에 덕의 교전으로 인간에게 미치니,
금탑에서 인을 구해 세상에 드리우네.
인재를 만드는 것은 공맹의 은혜로,
학문이 떨치어 일어나니 큰 공이 밝으리.

麥秋雅會

戊子年(2008) 六月　大韓漢詩學會

六月黃雲滿四郊
農夫野畔濁杯交
青獐早曉尋芳草
玄鳥斜陽索古巢
富裕忻懽長樂得
豊登喜悅小愁抛
世間飮食惟先事
萬歲耕耘不敢嘲

유월에 보리물결 사교에 가득하니,
농부는 들 밭둑에서 술잔을 주고받네.
청 노루 이른 새벽 방초를 찾고,
제비 날 저물어 옛집을 찾아 드네.
넉넉한 기쁨으로 장락을 얻으니,
풍년 희열에 작은 근심 버리네.
세간에 음식은 으뜸의 농사인데,
만세에 경운을 감히 조롱할 수 없네.

炎夏

戊子年(二○○八) 七月　大韓漢詩學會

炎夏淸風熱氣高
登樓避暑我心豪
尋山智者歡山見
樂水賢人好水遭
稻黍隨時田畓熟
桃梨不日果園膏
坐陰動扇防流汗
解渴其先一酌醪

무더운 여름 청풍에도 열기가 높아,
누대에 오른 피서가 내 마음 호화롭네.
산을 찾는 지인은 산을 보아 기쁘고,
물을 좋아하는 현인은 물을 만나 좋네.
벼 기장은 수시로 전답에서 익어가고,
배 복숭아 날마다 과원에서 기름지네.
그늘에 앉아서 부채질로 땀을 말려도,
그 우선 해갈은 한 잔에 막걸리로다.

新涼漸生

戊子年(２００８) 八月　成均館漢詩修練院

新凉朝夕感俱咸
鑠石流金午不銜
稻黍時時豐赤帝
桃梨日日熟紅巖
酒杯老叟氷如凜
汗滴農夫鹽似鹹
燈火可親收暑氣
蟲聲滿地却軒帆

조석에 신량을 다 함께 느끼는데,
몹시 더운 한 낮을 원망할 수 없네.
서도는 때때로 여름 신에 풍부하니,
도리는 나날이 붉은 바위처럼 익어가네.
행단에 덕의 교전으로 인간에게 미치니,
금탁에서 인을 구해 세상에 드리우네.
등화가친으로 더운 기세를 거두니,
만지에 충성 차 소리 배 소리 물리치리라.

白露遇吟

戊子年(2008) 九月　三淸詩社

朝夕新凉到萬江
金風處處似新腔
祥氛靄撓光垂檻
佳景雲消影入窓
去熟黍禾喞雀竝
廻斜田畓美鴻雙
山河槿域蟲聲滿
白露豊郊兆泰邦

조석에 서늘한 기운이 만강에 이르니,
곳곳에 가을바람 새로 지은 곡조 같구나.
상스런 기운에 노을빛 난간에 드리우니,
구름 개니 가경에 그림자 창으로 들어오네.
익어가는 서화에 참새 떼가 조잘대니,
전답을 돌아 비끼는 기러기 한 쌍 아름답네.
근역 산하에 벌래 우는 소리 가득하니,
백로에 풍성하니 나라가 태평할 징조로다.

訓民正音

戊子年(2008) 十月 韓國漢詩協會

訓民創製世宗年
頒布鴻恩萬國連
退斥文盲黎首喜
簡明字劃聖王憐
使人排昧得功遂
到處擊蒙成德宣
槿域書聲天地動
正音大意豈無傳

훈민정음 세종25년 창제하여,
반포한 큰 은혜 만국을 이었네.
문맹을 퇴척하니 백성은 기쁘고,
간단한 자획 성왕께서 사랑하셨네.
사람으로 하여금 배매하여 공을 얻으니,
도처에 격몽으로 덕을 베풀어 이루셨네.
근역에 글 읽는 소리 천지를 진동하니,
정음을 큰 뜻을 어찌 전하지 않으리.

祝訓民正音創製

戊子年(2008) 十月　大韓漢詩學會

世宗聖德至私家
頒布正音萬國華
不讀經書成易解
疏通語句用安加
簡明字劃千言造
退斥文盲百姓嘉
到處擊蒙鴻勳遂
學修其喜豈無誇

세종대왕의 성덕으로 사가에도 이르니,
반포한 훈민정음 만국에서 빛나네.
읽지 못하는 학문을 쉽게 풀어 이루니,
소통되는 어구를 편안하게 가해 썼네.
간단한 자획으로 수많은 말을 만드니,
물리치는 문맹을 온 백성은 기뻐하네.
도처에 교육으로 큰 공적을 따르니,
수학하는 그 기쁨 어찌 자랑이 없으리.

晚秋佳景

戊子年(2008) 十月

雁陣高飛橫影空
蘆花似雪渚頭同
虛心露竹千年綠
衰葉霜楓十日紅
廣野三光充瑞氣
良田五穀收祥風
菊香玉砌凝幽裏
擊壤高聲舞隆豊

기러기 높이 날아 그림자 하늘 비끼니,
눈 같은 갈대꽃이 물가에서 같구나.
속이 빈 로죽이라도 천년 푸르고,
서리 맞아 쇠약한 단풍 십일 붉네.
광야에 삼광의 서기가 넉넉하니,
양전에 오곡을 상풍에 거둬 드리네.
국화 향기 옥체에 가득 엉기는 속에,
격양의 높은 소리 융풍에 춤을 추네.

落木江山有感

戊子年(2008) 十月

秋天落木見山容
處處霜花失馥濃
霧散河邊何艷岸
雲開嶺頂豈嘉峯
清風止水魚依藻
陰氣斜陽鶴返松
殘菊幽香陶叟魄
悠悠自適路中逢

가을하늘 낙목에 산의 모양을 보니、
곳곳에 서리 맞은 꽃이 짙은 향을 잃었네。
안개 살아진 물가엔 어느 언덕이 곱고、
구름 거친 산꼭대기 어느 봉이 아름다운가?
청풍에 물이 고요하니 고기는 수초를 의지하고、
음기에 해 기울어지니 학은 소나무로 돌아오네。
잔국의 그윽한 향기는 도연명의 혼인데、
한가하게 스스로 즐기며 도중에서 만나리。

七言律詩

至月三清詩社吟

戊子年(2008) 十一月　三淸詩社

至月三淸雅會時
迓朋敍志酒筵宜
漢城頻遇解懷抱
錦席今遊增感知
廣野風聲胸裏住
遠山雪景眼前移
蘭交義理綿綿續
賀禮明年豈不期

동지에 삼청시사의 아회 하는 때에
벗을 맞아 뜻을 펼쳐 주연이 당연하리.
한성에서 자주 만나 회포를 푸니,
금석에서 이제 노니 증감을 알리.
넓은 들의 바람소리 흉중에 머무르고,
먼 산의 설경은 안전으로 다가 오네.
두터운 교분의 의리를 면면히 잇는데,
하례하는 내년을 어찌 기약하지 않으리.

戊子歲暮兪京會

戊子年(2008) 十一月　兪京會

兪京歲暮綺筵開
遠近宗親雲集來
今夜美談連酒席
來年喜信迓金杯
江山裸木靑皇待
天地埋塵白雪回
門會對顔俱少長
斗星己丑欲迎催

유경회 세모에 아름다운 자리를 여니,
원근에 종친께서 구름같이 오시네.
오늘 밤 미담을 주석에서 이어 가니,
내년에 기쁜 소식 금잔으로 맞이하네.
강산에 벌거벗은 나무는 봄을 기다리니,
천지에 티끌을 묻을 백설이 돌아오네.
문중회에 대면하며 대소가 함께 하는데,
두성은 기축년을 맞이하고자 재촉하네.

七言律詩　316

歲暮有感

己丑年(2009) 一月　大韓漢詩學會

除夜鐘聲加一齡
不成萬事問誰寧
今飛雪景天邊麗
已綻梅香砌下馨
溫故知新和世上
美風良俗睦家庭
明神己丑祈多慶
歲暮非心欲覺醒

제야의 종성이 나이 한 살을 가하니、
만사 불성을 누구한테 안녕을 물을까?
이제 날리는 눈경치 천변에서 아름답고、
이미 터진 매향이 섬돌아래서 향기롭네。
온고지신으로 세상이 화합하니、
미풍양속으로 가정이 화목하네。
신령께 기축년에 많은 경사 빌고、
세모에 사심을 각성하고자 하네。

迎新有感

己丑年(2009) 一月　韓國漢詩協會

循環節序復回春
瑞氣三光滿四隣
階下紅梅幽發馥
地邊白雪靜埋塵
祝儀良俗好連久
賀禮德談僖聽頻
戊子不成俱抱負
迎新多慶萬邦伸

순환절서로 다시 봄이 돌아오니,
삼광의 서기가 사린에 가득하네.
계하에 홍매는 향기 날려 그윽한데,
백설이 지변을 매진하여 고요하네.
미풍양속의 의식은 오래 이어 좋고,
하례의 덕담은 자주 들어 기쁘네.
무자년 이루지 못한 포부와 함께,
새해에 많은 경사 만방에 펼치리라.

迎新有感

己丑年(２００９) 一月　韓國漢詩協會

節序無聲至又春
三光瑞氣滿比隣
紅梅已綻充庭馥
白雪今飛盖世塵
良俗古時看易數
德談近者聽難頻
迎新己丑祈餘慶
所願年中必是伸

절서는 소리 없이 또 봄으로 돌아오니,
삼광의 서기가 이웃까지 가득하네.
홍매는 이미 터져 뜰에 향기가 가득하고、
백설은 이제 날려 세상의 티끌을 덮었네。
옛날에 양속을 자주 보아 쉬웠으나、
요사이 덕담은 자주 듣기가 어렵네。
기축년을 맞이해 경사가 남기를 빌며、
연중에 바라는 바를 꼭 지켜 펼치리.

春

迎春天地瑞光流
老叟依杖自陟樓
江岸霧消開柳苑
村郊風景似花洲
文章麗句千山滿
詩語佳言四海優
蝶舞蜂歌連競演
何時韻致寫多收

己丑年(2009) 三月　韓國漢詩協會

봄을 맞이한 천지에 서광이 흐르니、
노인은 지팡이 끌고 스스로 누에 오르네。
강가에 안개 살아져 버들동산 열리니、
시골의 아름다운 경치가 꽃 섬과 같으네。
문장의 아름다운 글 구는 천산에 가득하고
시어의 아름다운 말이 사해에서 넉넉하네。
나비 춤추고 벌 노래하는 경연이 이어지는데、
어느 때에 운치를 많이 베껴 거두겠는가？

梧秋卽景

己丑年(2009) 九月　三淸詩社

朝夕新凉熱氣停
欲晞流汗客登亭
草頭白露暫時素
阜垤蒼龍千世靑
物色籬疏敧頸見
溪聲村靜掩門聽
蟋蟀競演良宵繼
遠近山河彩畵形

조석의 시원한 바람에도 열기가 머무르니,
흐르는 땀 말리고자 객은 정자에 오르네。
풀잎 끝에 흰 이슬은 잠시 희니,
언덕에 소나무는 천년 푸르네。
물색은 울타리 트여 목을 기울여 보니,
촌이 고요해 냇물소리 문을 닫고 듣네。
귀뚜라미 베짱이 경연으로 좋은 밤 이으니,
원근의 산하는 채색한 그림의 형상이네。

立冬讀經史

己丑年(2009) 十一月　大韓漢詩學會

立冬因冷煖房居
窓外菊香多少餘
案席欲詩尋古典
冊裏得句補新書
有能己覺千秋寶
不用心思萬象虛
珠玉文章常度接
宜當何處感懷舒

입동에 냉기로 인하여 난방에 거하니
창밖에 국화향기 다소 남았네.
책상에서 시하고자 고전을 찾으니
책 속에서 글구를 얻어 새글을 도우네.
기각에 능함이 있다면 천년의 보배요
심상을 쓰지 않으면 만상이 허하네.
주옥같은 문장 바른 법도를 접하면
의당 어느 곳에든지 감회를 펼치리라.

初冬讀經書

己丑年(2009) 十一月

因由寒氣煖房居
朝夕時間多少餘
燈下欲詩尋字典
案頭無語讀經書
養成子息千秋寶
不學人生萬象虛
教訓聖賢篇裏滿
追從其意盡心舒

한기로 인하여 난방에 거하니
조석의 시간이 다소 남아
등불아래서 시하고자 자전을 찾고
책상에서 조용히 경서를 읽네.
자식 육성은 천년의 보배인데,
사람이 배우지 않으면 만상이 허하리.
성현의 교훈 책속에 가득하니,
그 뜻 추종하여 마음 다해 펼치자.

三淸洞雅會

己丑年(2009) 十二月　三淸詩社

三淸雅會朔風寒
瞻望王宮似筆巒
城外漢江凝薄凍
廈間韓屋發微蘭
周尋寺境嚴僧道
每訪詩筵好體端
四美二難俱且立
醉歌舞蹈豈無歡

삼청에 아회에 삭풍은 찬데,
왕궁을 바라보니 높이 솟은 산봉과 같네.
성외에 한강 살얼음 엉기니
빌딩사이 한옥에 작은 난이 피어네.
사찰에 경지를 두루 살피니 중의 도는 엄한데,
늘 찾는 시연의 자리 몸이 단정해 좋네.
사미이난이 또 갖춰져 어울리는데
취가 무도가 어찌 기쁘지 아니하리.

登三清山

己丑年(2009) 十二月 第8回 韓中日展旅行

險山俯視纜車登
四起祥雲天地承
岩上奇松如士凜
眼前怪石似君稜
勝區五岳明幽在
西海三仙秀麗恒
遠近疊峯名畵展
客心絕景自然凝

험한 산 굽어보며 케이블카로 오르니,
상운이 곳곳에서 일어나 천지를 이었네.
바위위에 기송은 선비같이 늠름하고,
눈앞에 괴석은 군주같이 위광이 있네.
승구에 오악이 숨고 나타나 있으니,
서해의 삼선은 항상 수려하게 있네.
원근에 첩봉이 명화같이 펼쳐지니,
나그네 마음 절경에 스스로 엉기네.

註‥三淸山‥중국 강서성 동북쪽에 위치한 산
註‥三仙‥玉京峯。玉華峯。玉虛峯。
註‥五岳‥泰山:산등성1545m。華山:산시성1997m。衡山:후난성1290m。
恒山:산시성2017m。崇山:허난성1494m 삼청산은 3개의 봉이 도교의
시조인 玉淸。上淸。太淸이 앉아 있는 것 같다 해서 삼청산 이라 불렀다.

登黃山

己丑年(2009) 十二月 第8回 韓中日展旅行

欲見黃山陟纜車
雲穿岑嶺四隣嘉
林中怪石生風雨
巖上奇松發雪花
西海幽光佳不具
北區秘景好無奢
難尋勝地閑遊客
夕照何間物外斜

황산을 보고자 케이블카로 오르니,
구름을 뚫은 산봉이 사린에서 아름답네.
숲속에 괴석은 비바람이 낳으니,
바위 위 기송에 눈꽃같이 피었네.
서해의 유광은 가추지 않아도 아름답고,
북구에 비경은 사치함이 없어 좋구나.
어렵게 찾은 승지 유객은 한가한데,
어느새 저녁놀이 물외로 비끼네.

七言律詩

西湖有感

己丑年(2009) 十二月第8回 韓中日展 旅行

西湖早旦霧消開
左右風光天下魁
越女容姿船上聽
吳王體臭水中回
勝區顧客無偏在
到處遊人自去來
巨役如斯看暫且
三公偉業剩知哉

서호에 이른 아침 안개 흩어져 열리니,
좌우에 풍광이 천하에 으뜸이네。
월나라 미녀의 용자를 선상에서 들으니,
오나라 왕의 체취가 물속에서 도네。
승구를 보는 객은 치우침 없고,
도처에 유인은 스스로 오고 가네。
이와 같은 거역을 잠시 또 보니,
삼공의 위업 비로소 알고도 남으리。

註 : 越女 : 西施를 말함。吳王(夫差) : 오나라 왕
註 : 三公 : 백거이。소동파。양몽영。三公堤 : 白堤。蘇堤。楊公堤

西泠印社有感

己丑年(2009) 十二月 第8回 韓中日展 旅行

西泠印社陟階回
吳叟刀痕墻壁培
湖水俯仰雲霧滿
公園顧瞻塔碑魁
騷人玩賞無偏在
筆客探究不息來
此地明堂看聳出
後生引導育良材

서령인사 계단을 돌아 오르니,
오창석의 도흔이 장벽에서 북돋우네.
호수를 굽어 우러르니 운무가 가득하고,
공원을 돌아보니 탑과 비가 으뜸이네.
소인은 완상하는데 치우침 없고,
필객은 탐구하러 쉬지 않고 오네.
차지의 명당 우뚝 솟은 것을 보니,
후진 인도로 인물을 기르는 곳이라네.

庚寅新年吟

庚寅年(2010) 一月 三淸詩社

斗星自轉復回東
恭賀迎年老少同
已綻梅花含笑際
欲開柳眼醒眠中
黎民槿域祈隆盛
賢士芸窓卜大豊
除夜鐘聲天地響
赤鴉山上照無窮

註 : 恭賀 : 공손한 마음으로 축하함。 槿域 : 우리나라의 異名
　　芸窓 : 書齋의 異名。 赤鴉 : 붉은 太陽의 異名

북극성 스스로 돌아 다시 동으로 도니、
새해를 맞는 공손한 마음 노소가 같네。
매화는 이미 피어 웃음을 머금었는데、
버들잎 피고자 잠에서 깨는 중이네。
여민은 나라가 융성하기를 기원하니、
어진선비 서재에서 대풍을 점치네。
제야의 종소리 천지에 울려 퍼지니、
붉은 태양 산상에서 끝없이 비추네。

送舊迎新吟

庚寅年(2010) 一月　大韓漢詩學會

除夜鐘聲吉運開
萬家天地瑞光回
欲開柳眼待春夢
已綻梅花元旦培
送舊災難邦外逐
迎新幸福屋中來
三千領土平和願
南北同胞統一催

제야의 종성이 길운을 여니,
만가 천지에 서광이 돌아오네.
버들눈 피고자 봄꿈을 기다리니,
매화는 이미 피어 원단을 북돋우네.
송구에 재난을 나라 밖으로 쫓으니,
새해에 행복이 방안으로 오네.
삼천리강산은 평화를 원하니,
남북에 동포는 통일을 재촉하네.

庚寅新年吟

庚寅年(2010) 元旦

除夜鐘聲萬戶開
斗星復轉正東來
黎民日出安寧禱
賢士天占惡運摧
物外常歡風景裕
書中不覺歲華催
瑞光已綻梅香裏
賀禮新年盡獻杯

제야의 종소리가 만호를 여니
두성은 다시 돌아 정동으로 와
여민은 일출에 편안하기를 빌고、
현사는 하늘에 점을 쳐 악운을 막네
물외는 늘 기뻐 경치가 넉넉한데、
글은 깨닫지 못했건만 세월만 가네。
서광에 이미 핀 매화 향기 속에서
새해 하례를 잔을 드려 다하리。

立春

庚寅年(2010) 一月

立春瑞氣退三冬
天道循環雪裏恭
山上赤鴉佳色轉
房中清友淑香濃
開門萬福自然積
掃地雜神無入封
草木回生陽焰動
欲傾樽勻又君逢

입춘일 서기에 삼동이 지나가니,
천도의 순환은 눈 속에도 공손하네.
산 위에 붉은 태양 가색이 구르니,
방 속에 매화의 맑은 향기가 짙네.
문을 여니 만복이 스스로 쌓이고,
땅을 쓸어 잡귀를 오지 못하게 봉하네.
초목은 회생하고 아지랑이 피어올라,
그대를 만나 술잔을 기울이고자 하네.

賞梅

庚寅年(2010) 二月

窓下盆栽木母窺
何時峰綻雅仙姿
氷肌素頰如佳月
玉骨朱脣似美姬
雪裏雜多忘世態
花中惟獨受人慈
清香散發鶯堂滿
摩墨看君敢寫詩

창 아래 분재한 매화를 엿보니,
어느 때에 피었는지 선자같이 우아하네.
얼음 같은 살결 흰 뺨이 가월과 같고,
옥 같은 살결 붉은 입술 아씨와 같네.
눈 속에서 잡다한 세태를 잊으니,
꽃 중에서 유독 사람의 사랑을 받네.
맑은 향기 흘어져 서실에 가득해,
그대 보며 먹 갈아 감히 시를 베끼네.

庚寅正月十五日

庚寅年(2010) 二月

正月天登燦爛輝
祥光瑞氣四隣圍
災殃北岸回頭送
景福東君合掌祈
儒士吟詩今日頌
文朋擲柶古時歸
美風良俗萬年繼
代代孫孫傳豈非

정월에 달이 찬란하게 빛나니,
상광 서기가 사린을 둘러쌋네。
재앙은 북쪽 언덕에 머리돌려 보내고、
경복을 동쪽 신에 합장하여 비네。
선비는 시로 읊어 금일을 칭송하니、
문붕은 윷놀이로 옛 시절 돌리네。
미풍양속 만년을 이으니、
대대손손 어찌 아니 전할까?

七言律詩

新春

庚寅年(2010) 二月

東皇布德尙寒餘
梅信新芽欲出墟
知節歸鴻玄海渡
忘時候鳥碧江居
山川雪水無流急
日月風神不去徐
萬物蘇生纔聽見
何間吐馥百花舒

동황 포덕에도 오히려 한기가 남았는데、
매신에 새싹은 언덕에서 돋고자 하네。
절후를 알아 가는 기러기 북해를 건너니、
때를 잊은 철새는 푸른 강에서 사네。
산천에 눈 녹은 물은 천천히 흐르는데、
일월의 바람 신은 서서히 가지를 않네。
만물 소생을 겨우 듣고 보았는데、
어느새 향을 토하는 백화가 펼쳐지네。

願國泰民安

庚寅年(2010) 三月　大韓漢詩學會

鴻猷治國遇良辰
改革吾韓庶政新
發展農工兼智力
宣揚道義養心身
泰平聖代祈施德
裕足民安願守仁
經濟繁榮無限裏
不偏偉業萬邦伸

큰 계획에 정치 좋은 때를 만나、
개혁하는 내나라 서민정치 새로워
발전하는 농공 슬기의 힘을 겸해、
선양하는 도의 마음과 몸을 기르네。
태평성대는 덕을 베풀어 빌고、
넉넉한 민안은 인을 지켜 원하리。
경제의 번영이 끝이 없는 속에、
치우침 없는 위업 만방에 펼치세。

青春不再來 (二)

庚寅年(2010) 三月　三淸詩社

人生行樂及丁年
放蕩難閑近冊先
讀本未知千載恨
適時修學萬年筵
無爲徒食似禽獸
不息能書如筆仙
易老靑春輕動莫
勤工聖法後孫傳

인생에 행락은 이십 세에 미치는데、
방탕을 막기 어려워 우선 책을 가까이 하라。
책을 읽어도 알지 못하면 천년에 한이고、
때를 맞아 배우고 닦으면 만년의 자리네。
하는 일 없이 먹고 놀면 금수와 같고、
쉬지 않고 글에 능하면 필선과 같으리。
청춘은 늙기 쉬우니 가벼운 행동 하지 말고、
부지런히 공부하는 성법을 후손에게 전하세。

靑春不再來(二)

庚寅年(2010) 三月　三淸詩社

光陰不息恐增年
苟且餘生老健先
立志靑春成錦席
頹齡白髮慕瓊筵
詩書雅士人中鳳
文筆賢師地上仙
不負好時天理法
自然理致後孫傳

광음은 쉬지 않아 나이 느는 것이 두려운데,
구차한 여생은 늙어서 건강이 제일이네.
청춘에 뜻을 세워 금석을 이루었고,
백발에 나이 먹으니 경연이 그리워지네.
시서를 하는 아사는 사람 중에 군자요,
문필하는 현사는 지상에 신선이네.
청춘은 늙기 쉬우니 가벼운 행동 하지 말고,
자연의 이치를 후손에게 전하리.

願先農壇復元

庚寅年(2010) 四月　先農壇白日場

祭壇復元今欲成
燦然瑞色我邦明
田人起枕祈求富
騷客吟詩盡至誠
后稷偉恩千歲頌
神農功績萬年聲
官民此業同心勉
必是先壇振古情

제단의 복원을 이제 하고자 하니
찬연한 서색이 내 나라에서 밝네.
전인은 일어나 부를 빌어 구하니,
소객은 시를 읊어 지성을 다하네.
후직씨 위은은 천년에 칭송이고,
신농씨 공적은 만년의 소리이네.
관민이 이 업을 동심으로 힘쓰면,
반드시 선농단에 옛정을 떨치리라.

濟州島春景

濟州佳景眼前開
遠近花香喜自來
海岸路邊連林美
漢拏峰頂繞雲魁
島中怪石刪風雨
山麓奇松造日台
玩賞騷人心與奪
如何夕霧去歸催

제주도의 가경이 안전에서 열리니,
원근에 꽃향기 스스로와 기쁘구나.
해안 길가에 숲이 이어져 아름다운데,
한라산 봉정에 구름을 둘러 으뜸이네.
섬 가운데 괴석은 풍우가 깎으니,
산기슭에 기송은 해와 별이 만들었네.
완상하는 시인 마음을 주었다 뺏다 하는데,
어찌하여 저녁안개 돌아가길 재촉하는가?

庚寅年(2010) 四月 九老文化院 濟州道文化探訪

九老文化院濟州研修

庚寅年(2010) 四月 九老文化院 濟州道文化探訪

研修文化濟州開
幹部飛機遠道來
相互生疎今日解
共同感應晝宵培
漢挐精氣一心盛
九老良風多藝栽
二泊旅程雖不永
祝杯團合似聲雷

문화원의 연수를 제주에서 열어
운영위원 비행기로 먼 길을 오셔서
서로의 어색함을 오늘에서야 풀고
공동의 감응을 주야로 북돋우었네.
한라산의 정기 한마음으로 담아
구로의 좋은 풍습 많은 예능 심고
이박의 여정은 비록 길지 않았지만
단합의 축배는 우레 소리와 같았네.

孝親日有感

庚寅年(2010) 五月　大韓漢詩學會

事親道理意之天
獻上紅花樂每年
我鞠恩高何報盡
吾生德厚豈承全
綱常大本千秋守
謹敬洪規萬代連
百善其元先孝行
無邊美俗後孫傳

어버이 섬기는 도리는 하늘에 뜻이라.
붉은 꽃 드리는 행사 매년 즐겁네.
나를 길러준 높은 은혜 어찌 다해 갚고,
나를 낳은 두터운 덕 어찌 모두 이으리.
사람이 지켜야 할 큰 근본 천년을 지켜,
부모를 섬기는 큰 계획 만년을 이으리.
백가지 선중에 그 으뜸은 효가 먼저니,
끝없는 미풍양속을 후손에게 전하리.

孝親日有感

庚寅年(2010) 五月

事親道理有人綱
易歲呈花又喜新
母鞠恩高先報禮
父生德厚盡承仁
倫常本末千年志
謹敬根枝萬代伸
百善中元忠孝奉
美風此慶久傳寅

어버이 섬김에 도리는 인류의 큰 근본에 있는데,
해가 바뀌어 꽃을 드려도 또 기쁨이 새롭습니다.
모친이 길러준 높은 은혜 먼저 예로써 갚고,
아비가 낳은 두터운 덕 인을 다해 공경합니다.
사람이 지켜야 할 본말은 천년의 뜻이라,
부모를 섬기는 근지는 만년을 펼치리.
백가지 선 중에 으뜸인 충효를 받들어,
미풍양속의 이 경사를 동료와 함께 오래 전하리.

綠陰讀古典

綠陰芳草勝花時
多讀古書知識脂
對冊名言難解易
深文奇字覺求遲
小人萬世虛榮眈
君子千年眞理孜
博學探究無限務
終來其喜享全持

녹음방초가 꽃을 이기는 때에,
고서를 많이 읽으면 지식이 기름지리.
책을 대하니 명언은 쉽게 풀기 어렵고,
심문에 기이한자 더디 구해 깨닫네.
소인은 만년동안 허영만 즐기고,
군자는 천년에 걸쳐 진리에 힘쓰네.
널리 배워 탐구에 끝없이 힘쓰면,
마침내 그 기쁨 온전히 가져 누리리.

庚寅年(2010) 六月 三淸詩社

七言律詩 344

初夏

庚寅年(2010) 六月

初夏江山茂綠紋
草香處處勝花芬
清晨魚叟網筌展
白晝農夫田畚耘
廣野千町清散霧
高天萬里暑無雲
炎暉漸次加鎔解
黃鳥歌聲樓閣聞

초하에 강산에 푸른 무늬 무성해,
곳곳에 풀 향기 꽃향기를 이기네。
맑은 새벽에 어수는 그물을 펴고,
한 낮에 농부는 전답을 매네。
너른 들 천 두에 안개 살아져 맑아,
높은 하늘 만리에 구름 없어 무덥네。
뜨거운 햇빛 점차 쇠를 녹이듯 더하니,
꾀꼬리 노래 소리 누각에서 듣는다。

陰下讀書

庚寅年(2010) 六月

綠帶江山際阜繁
扇風陰下讀書元
忘機老丈眠樓閣
得意騷人樂草原
冊裏名言千代鑑
文中眞理萬年恩
誦經習性恒常示
此見何期效後孫

녹음의 띠가 강산에 번성하는 때에、
그늘에서 선풍으로 독서가 으뜸이네.
세상을 잊은 노인은 누각에서 조는데、
뜻을 얻는 시인은 초원에서 즐기네.
책속에 명언은 천년의 거울이고、
글속에 진리는 만년의 은혜네.
경서를 읽는 습성을 늘 보이면、
언젠간 이를 보고 후손은 본받으리.

陰下讀古書

庚寅年(2010) 七月　韓國漢詩協會

遠近儒林以學交
偸閒俱友向芳郊
村中雅士箴言誦
陰下書生玉句抄
騷客看奇詩想得
叔賢處世野心抛
聖人教理開經載
晝夜傾心孰敢嘲

원근에 유림들 배워 사귐으로써
틈을 내 벗과 함께 방교로 향하네.
촌중에 아사는 잠언을 외니,
음하에 서생은 옥구를 베끼네.
시인은 기이한 것을 보고 시상을 얻으니,
숙현은 세상 삶에 야심을 버리네.
성인의 교리를 실은 경서를 열어,
주야로 경심하는데 감히 누가 조롱하랴.

嘆國論分裂(二)

庚寅年(2010) 七月　韓國漢詩協會

槿域江山泰運施
論爭分裂失機悲
君民約束隨時變
與野空言換所欺
不信風調招混亂
維持秩序斥難危
蒼惶政局誰能定
儒者吟詩後日期

근역 강산에 태운이 도는데,
논쟁 분열로 기회를 잃어 슬프네.
군민과 약속 수시로 변하니,
여야의 공언 장소를 바꿔 속이네.
불신의 풍조가 혼란을 부르고,
질서 유지가 난위를 물리치리.
창황한 정국 누가 능히 평정하랴,
유림은 시를 읊어 후일을 기약하네.

嘆國論分裂(二)

庚寅年(2010) 七月　韓國漢詩協會

江山槿域瑞祥施
政界論爭豈不悲
約束君民朝夕易
無時與野晝宵欺
位階正立成家智
秩序維持斥國危
官吏私心疑資質
太平聖代待何期

근역 강산에 서상이 감도는데,
정계의 논쟁 어찌 슬프지 않으리오.
군민의 약속 조석으로 바뀌니,
때 없이 여야는 밤낮으로 속이네.
위계가 바로서 가정은 지혜를 이루니,
질서 유지로 나라의 위태로움을 물리치리.
관리인 사심과 자질을 의심하니,
태평한 세상 어느 때에 기다릴까?

歡迎二十個國頂上會議 (二)

庚寅年(2010) 八月　韓國漢詩協會

頂上來韓廿國賓
會談五次互和親
相扶相助更生富
自力自求能斥貧
經濟危機三食失
金融善治六州均
處難世界歡迎裏
懇願鴻猷豈不伸

내한한 정상 이십 국이 손님인데、
5차 회담으로 서로 화친하네。
상부상조로 부를 갱생하니、
자력자구로 능히 가난을 물리치네、
경제 위기로 삼식을 잃었으니、
금융 선치로 육주가 균등하리。
난처한 세계가 환영하는 속에、
큰 계획 간절히 원하는데 어찌 아니 펼치리。

歡迎二十個國頂上會議(二)

庚寅年(2010) 八月　韓國漢詩協會

頂上來韓此吉辰
會談五次欲親民
金融善治斥貧足
經濟危機移富新
自力自求千代主
相扶相助六州隣
處難萬國歡迎裏
懇願鴻猷感意伸

정상이 길일에 내한해、
오차 회의로 백성은 친하고자 하네。
금융 선치로 가난을 물리쳐 풍족하고、
경제 위기가 부를 새롭게 옮기네。
자력자구는 천대에 주인이고、
상부상조로 육주가 이웃이네。
어려움에 처한 만국이 환영하는 속에
큰 계획 간절히 바라는 감회를 펴리。

迎秋山河

庚寅年(2010) 九月

朝夕金風四野佳
自然日變及千街
殘炎白晝霑衣服
冷氣淸宵入寢齋
求愛蟬聲忙樹幹
旋回蜻舞裕天涯
迎秋萬物新娘艶
遠近江河豈不懷

조석 가을바람에 사야가 아름답고,
자연은 날로 변해 하늘까지 미침이요.
한낮에 잔염에 의복을 적시어도,
맑은 밤에 냉기가 침재로 들어오네.
구애하는 매미소리 나무줄기에서 바쁜데,
선회하는 잠자리 하늘가에서 한가하네.
가을을 맞이한 만물은 새댁같이 고운데,
원근에 강하를 어찌 품지 않으리.

新秋

庚寅年(2010) 九月　大韓漢詩學會

節序循環暴暑窮
新秋朝夕起涼風
苹桃赤實元園內
黍稻黃雲最野中
求愛蜩蟬囂里落
爭歌蟋蟀響天空
光陰不息無聲去
自嘆虛心撫首蓬

註：苹桃：사과

절서 순환으로 폭서를 다하니、
신추조석에 서늘한 바람이 일어나네。
사과의 붉은 열매가 과원에서 으뜸이요、
서도의 황운은 들 가운데서 최상이네。
구애하는 매미소리 마을에서 시끄럽고、
경연하는 귀뚜라미소리 하늘까지 울리네。
세월은 쉬지 않고 소리 없이 가는데、
빈 마음 자탄하며 쑥대머리 어루만지네。

秋日偶興(二)

庚寅年2010) 九月　三淸詩社

青黃物色欲相交
滿地金風動樹梢
田畓四時麻雀垈
梧林千古鳳凰巢
生凉廣野夫禾收
退暑高樓叟句抄
遠近山河佳漸裏
勝區萬里敢誰嘲

청황의 물색이 서로 사귀고자 하니,
만지에 금풍으로 나무 끝이 흔들리네.
사철에 논과 밭은 참새의 터전이요,
천고에 오동 숲은 봉황의 집이네.
서늘 하자 광야에 장정은 벼를 거두는데,
퇴서한 누대에는 노옹이 글을 베끼네.
원근에 산하가 점차 아름다워지는 속에,
승구 만리를 감히 누가 조롱하랴?

秋日偶興(二)

庚寅年(2010) 九月　三淸詩社

秋日凉風物互交
黃波萬頃動梧梢
靑禽草幕移新域
白鶴松林訪古巢
酒氣農夫償穀收
金聲騷客樂詩抄
山河漸次尤佳染
絶景無窮敢孰嘲

가을날 양풍에 만물이 서로 사귀니,
만경 황파에 오동나무 끝이 흔들리네.
참새는 초막에서 신역으로 옮기니,
백학은 소나무 숲에서 옛집을 찾네.
주기에 농부는 곡식을 거둬 기쁜데,
금풍에 소인은 시를 베껴 즐기네.
산하는 점차 더욱 아름답게 물드는데,
무궁한 절경을 감히 누가 조롱하랴?

孟春

辛卯年(2011) 三月

盡日尋春野外巡
萌芽不見四隣新
祥風雪水千江漲
瑞氣山川萬里親
覓句吟詩騷客樂
讀書誦說士林倫
歸來砌上過梅下
何際花開已十伸

진일 봄을 찾아 야외를 도니,
새싹은 보지 못했지만 사린이 새롭네.
상풍에 설수는 천강에 넘치고,
서기에 산천은 만리가 친하네.
떡구 음시는 소객에 즐거움이요,
글 읽어 암송은 유림의 도리네.
섬돌 위를 돌아와 매화 밑을 지나니,
어느 때에 피었는지 이미 만발했네.

時事吟(二)

辛卯年(2011) 三月　三淸詩社

窓下梅枝已向東
花峰瑞氣欲開紅
池塘未覺三春夢
天地空懷四海風
自古人生才有限
當今世上事無窮
江山盡日徘徊裏
野馬只看遠近通

창 아래 매화가지 이미 동을 향했는데,
꽃봉오리 서기에 붉게 피고자 하네.
지당은 미각인데 삼춘의 꿈을 꾸고,
천지는 空懷하여 사해에 바람이 이네.
옛부터 인생은 재주가 한계가 있고,
지금 세상은 만사가 끝이 없네.
하루종일 강산을 배회하니,
다만 보이는 야마는 원근을 통하네.

時事吟 (二)

辛卯年(2011) 三月　三淸詩社

節序循環向正東
已梅階下艷開紅
山中躑躅眠寒雪
江岸蒲楊待暖風
奇句多吟才有限
古書少讀味無窮
尋春盡日徘徊野
如火游絲四海通

절서는 돌고 돌아 동으로 향하니,
이미 매화는 뜰아래서 붉게 피어 곱네.
산속에 진달래 한설에 잠자는데,
강안에 갯버들 난풍을 기다리네.
기구들 많이 읊어도 재능에 한계가 있고,
고서를 적게 읽어도 무궁한 맛이 있네.
하루종일 봄을 찾아 들을 배회하니,
불같은 아지랑이만 사해로 통하네.

三一節感懷

辛卯年(2011) 三月　大韓漢詩學會

槿域江山四海佳
倭奴退斥守庭階
大韓太極揚疆土
萬歲高聲振市街
三一精神成擧族
五千歷史繼同儕
險難世上全回復
南北如何自不諧

근역 강산 사해가 아름다운 것은,
왜노를 물리쳐 정계를 지킴이요.
대한에 태극이 국토에서 휘날리니,
만세의 높은 소리 시가에서 떨쳤네.
삼일정신으로 한 겨레를 이루니,
반만년 역사를 한 나라로 이어왔네.
험난한 세상 모두 회복하였는데,
남북은 어찌 스스로 화해하지 않나.

農業先進化

辛卯年(2011) 四月　先農壇白日場

四海東邦受福天
營農發展到今年
食糧自給多耕墾
種子優良倍穡田
遠野機聲連未息
近村擊壤響無邊
尖端技術益生産
先進化成能後傳

동방 사해에 하늘로 부터 복을 받으니、
영농의 발전이 금년에 이르렀네。
식량 자급을 많이 갈아 개간하니、
우량종자로 밭에서 거둬 배가되네。
원야에 기계소리 쉬지 않고 이어지니、
근촌에 격양가 소리 무궁하게 울리네。
첨단기술로 생산이 더해가니、
선진화를 이루어 능히 후에 전하리。

春日書懷

辛卯年(2011) 四月 大韓漢詩學會

萬物蘇生四野融
韶光處處艶微風
花開古里思親友
雲散高峰憶謝公
騷客佳言詩軸盛
聖人好句竹篇中
書懷春日裕心氣
富貴功名何不空

만물이 소생하여 사야에 융화하니,
곳곳에 아름다움은 미풍에 곱네.
꽃피는 옛 고향은 친우가 그립고,
운산한 높은 봉 謝公履를 생각하네.
소객에 가언은 시축에 담으니,
성인의 호구는 죽책 중에 있네.
봄날에 글을 써 심기가 넉넉한데,
부귀공명을 어찌 비우지 않으리.

註 : 謝公履 : 송나라의 사영운이 나막신을 신고산에 오를 때는 나막신 앞굽을 빼고 내려올 때는 뒤 굽을 빼다는 故事

餞 春 (二)

辛卯年(2011) 五月　韓國漢詩協會

餞春騷客詠詩歌
怊悵心懷不在多
芳草萋萋懷小逕
落花片片散高坡
千年膠漆友情似
四境煙霞塵想過
九十韶光今夜盡
再逢期約酒無何

봄 보내며 소객이 시가를 읊으니,
슬픔을 품은 마음 조금은 남아있네.
방초는 무성하여 좁은 길을 덮으니,
낙화는 가벼이 날아 언덕에 흩어지네.
천년의 교제는 벗 사이의 정의와 같고,
사방에 경치는 속된 생각을 지나게 하네,
구십일의 소광이 이 밤을 다하는데,
다시 만날 기약 어찌 술이 없으리?

七言律詩

餞 春(二)

辛卯年(2011) 五月　韓國漢詩協會

詠詩騷客餞春歌
悲悵心懷不在多
粉蝶雙飛尋藻蜜
流鶯百囀響江坡
一時絶景云貪欲
九十韶光忽又過
青帝秉權今日盡
傾杯別酒夜催何

소객이 시 읊어 전춘을 노래하니,
슬픔을 품은 마음 조금은 남아있네.
흰나비 쌍쌍이 날아 꿀을 찾으니,
꾀꼬리 지절대 강 언덕을 울리네.
한때에 절경을 탐하고자 이르니,
구십 소광이 홀연히 또 지나가네.
청제의 권리도 오늘 다하는데,
이별주 어찌하여 밤을 재촉하는가?

註 ‥ 粉蝶 ‥ 흰 나비. 아름다운 나비.
註 ‥ 流鶯 ‥ 이 나무 저 나무 옮겨 다니며 우는 꾀꼬리.

開心寺

辛卯年(2011) 四月 九老文化院文化探訪

開心寺霧裏車登
物色懍懍銀界增
梵宇蓮燈天半掩
佛堂香燭塔全凝
雲山百里留靑帝
風月三春暇老僧
今昔無邊佳景繼
象王精氣自然興

개심사를 안개 속에 차로 오르니,
물색이 흐리하여 은계로 더해가네.
사찰에 연등은 하늘을 반을 가리니,
불당에 향촉은 탑에 온전히 엉기네.
운산면 백리에 봄 신이 머무르니,
풍월 삼춘에 노승은 한가하네.
고금은 끝없이 가경으로 어지니,
상왕산 정기가 자연히 일어나네.

註 : 雲山 : 운산면. 象王 : 운산면에 있는 상왕산

七言律詩 364

尋安堅紀念館

辛卯年(2011) 四月　九老文化院文化探訪

朱耕記念館尋來
倭寇因由赤兩腮
山麓佳花旬日海
殿中夢畫萬年台
過時掠奪難容恕
易歲張施苦禍培
四季煙霞皆壁掛
慰安寫本暫胸頹

註 : 朱耕 : 안견의 호。 夢畫 : 몽유도원

주경 안견의 기념관을 찾아오니、
왜놈의 도둑질로 인해 양 뺨이 붉네。
산기슭에 아름다운 꽃 열흘의 바다요、
전시장의 몽유도원은 만년의 별이네。
때가 지나도 약탈은 용서가 어려운데、
역세에 베풀어도 화를 북돋워 괴롭네。
사계의 산수의 경치 온벽에 걸렸는데、
사본의 위안도 잠시 가슴이 무너지네。

千里浦樹木園徘徊　辛卯年(2011) 四月　九老文化院文化探訪

樹木庭園曲徑徊
花香鳥語氣分魁
海邊景色連千里
湖裏韶光浸二臺
雨後萌芽風速長
眼前洲嶼霧遲開
茂林綠帶連無限
霞彩添加豈求杯

수목원 꼬불꼬불한 길을 배회하니,
꽃향기에 새 울어 기분 으뜸이네.
바닷가에 경치가 천리로 이어지니,
호수에 소광과 두 돈대가 잠겼네.
우후에 새싹은 바람에 속히 자라는데,
안전에 낭새 섬 안개에 더디 열리네.
무림 녹대가 끝없이 이어지는 속에,
노을이 첨하는데 어찌 잔을 구하리.

註：洲嶼：전망대 앞에 있는 낭새섬을 말함.

萬里浦

辛卯年(2011) 四月 九老文化院文化探訪

無主沙場睡白鷗
波聲閑暇接賓謳
詩碑海岸凄凄立
歌曲天邊黙黙流
山麓松香來鼻柱
水中雲影弄船樓
暖風與奪三春盛
暮景煙霞豈不收

주인 없는 백사장에 백구는 조는데、
파도는 한가히 손을 맞아 노래하네。
시비는 바닷가에서 쓸쓸히 서있었고、
노래는 하늘가에서 묵묵히 흐르네。
산록에 소나무 향이 콧등까지 오니、
물속에 구름그림자 선루를 희롱하네。
난풍은 주고 뺏어 삼춘도 한창인데、
모경에 경치를 어찌 거두지 않으리?

白沙場港內晚餐

辛卯年(2011) 四月　九老文化院文化探訪

白沙港內晚餐開
今日心懷起復回
美酒佳肴加鰈鱠
良宵明月溢金杯
旅程疲困唱歌解
客舍怡歡跳舞培
盤坐珍羞鮮感味
如何銀漢去歸催

백사장 항내에서 만찬을 여니,
금일에 회포가 다시 돌아 일어나네.
미주에 좋은 안주 가자미회 더하니,
좋은 밤 밝은 달이 금잔에 넘치네.
여행길 피곤을 노래를 불러 푸니,
객사에 즐거움 무도가 북돋우네.
편히 앉아 진수의 맛을 느끼는데,
은한은 어찌 돌아가기를 재촉하는가?

註 : 鰈鱠 : 가자미회。 盤坐 : 책상다리를 하고 편히 앉음。

安眠島自然休養林徘徊

辛卯年(2011) 四月　九老文化院文化探訪

茂盛松林旅客迎
凜嚴姿態自全呈
山中躑躅清香散
野裏連翹淑氣爭
倭寇刀痕千歲恨
黎民傷處萬年縈
安眠休養如仙界
勝地天然振世名

무성한 송림이 유객을 맞이해,
늠름한 자태를 온전히 드러내네.
산속에 진달래 향기가 흩어지니,
들에는 개나리가 숙기와 다투네.
왜구의 칼의 흔적 천년의 한인데,
여민의 아픈 상처 만년에 얽히네.
안면의 휴양지가 선계와 같으니,
천연의 승지 세상에 명을 떨치리.

註…躑躅: 진달래의 이칭. 連翹: 개나리의 이칭
註…刀痕: 송진을 얻기 위한 칼의 흔적

安眠島樹木園徘徊

辛卯年(2011) 四月 九老文化院文化探訪

松林眷顧到公園
處處迎春景致元
滿發百花香氣吐
半開千葉暖風吞
蔥蔥草木峨山蹟
絞絞江郊大帝根
如畫安眠樓閣睹
勝區四海不求言

송림을 돌아보고 수목원에 이르니,
곳곳에 봄을 맞아 경치가 으뜸이네.
활짝 핀 모든 꽃이 향기를 토하니,
반쯤 벌어진 잎은 난풍을 삼키네.
우거진 풀과 나무는 아산의 자취요,
빙 두른 강과 들은 하늘의 뿌리네.
그림 같은 안면도를 정자에서 보니,
승구 사해는 말을 요구하지 않네.

註 : 蔥蔥 : 풀이 무성한 모양. 峨山 : 정주영의 호
註 : 絞絞 : 빙 두른 모양. 大帝 : 하늘

看月庵有感

辛卯年(2011) 四月　九老文化院文化探訪

花發春香看月宣
霧消處處美光連
凝煙島嶼雲中畫
滿水庵廬海裏蓮
糊壁高僧人物掛
法堂無學道痕全
欲離勝地搖風磬
落照無紅苦步遷

註 : 無學 : 무학대사

꽃피어 봄 향기가 간월암자에 베푸니,
곳곳에 안개 살아져 미광으로 이었네.
연기 뭉친 섬은 구름 속에 그림이요,
물이 차니 암자는 바다에서 연꽃이네.
호벽에는 고승의 초상화가 걸려 있고,
법당에 무학대사의 도흔이 온전하네.
승지를 이별하자하니 풍경은 요란하고,
낙조는 붉지 않아 거름 옮기기 괴롭네.

忠義祠有感

辛卯年(2011) 四月　九老文化院文化探訪

祠堂春色每年來
處處佳花艷滿開
影幀焚香祈俯首
神靈瑞氣照圍梅
倭奴敵將奇謀死
憂國忠魂大義魁
身貢偉勳星萬歲
芳名不朽世人栽

매헌 사당에 춘광이 매년 돌아오니,
곳곳에 아름다운 꽃 만개해 곱네.
영정에 분향과 머리 숙여 기도하니,
신령의 서기가 매헌을 감싸 비추네.
일본의 적장 기이한 꾀로 죽이니,
우국충혼 중대한 의리 으뜸이네.
몸 받친 위대한공 만세의 별이시니,
썩지 않는 방명을 세인에 심으리.

註 :: 忠義祠 :: 매헌 윤봉길 의사의 영정을 모신 사당
註 :: 影幀(영정) :: 초상을 그린 족자.

南延君墓有感

辛卯年(2011) 四月 九老文化院文化探訪

春風芳草四隣魁
路傍櫻花美滿開
豫度地師移葬位
因緣山所得生台
伽倻寺址千秋恨
李氏門中萬世陪
青史回回明不變
如何日月永懷培

춘풍 방초는 사린에서 으뜸인데,
길가에 벚꽃은 만개해 아름답네.
지사의 예측으로 이장한 자리에,
무덤으로 인해 별을 얻으셨네.
가야절터는 천년 한을 머금는데,
이씨의 문중은 만년을 모시네.
역사는 돌아도 변치 않아 밝은데,
어찌 일월은 영회하길 북돋는가?

松山聖地有感

辛卯年(2011) 四月 九老文化院文化探訪

松山勝地百花開
巡禮行人不息來
十字耶蘇縣爲衆
一家神父燦如台
傳宣信念千秋訓
殉敎精神萬歲培
眞理福音無極裏
聖徒其名永懷栽

솔뫼 성지를 백화가 여니,
순례의 행인은 끊이지 않고 오네.
십자가에 예수는 믿음을 위해 달려있고,
한 집안에 신부가 별같이 빛나네.
베풀어 전함은 천년의 교훈이요,
순국의 정신은 만년을 북돋우리.
참된 진리의 복음이 무궁한 속에,
성인의 그 이름 영회하여 심으리.

七言律詩 374

忠南文化研修感懷

辛卯年(2011) 四月 九老文化院文化探訪

忠南一帶睹周回
到處山河世上魁
青史賢人無數出
紅塵寶物保全來
研修養德肥文化
學習施仁哲似台
遺蹟久傳民族炫
感懷心裏盡誠栽

충남에 일대를 두루두루 돌아 보니、
도처에 산하는 세상에서 으뜸이네。
역사에 현인 수없이 많이 배출하니、
이 세상에 보물을 온전히 보존 했네。
연수로 덕을 길러 문화를 살찌우니、
학습으로 시인하면 별같이 밝으리。
유적지 오래전함은 민족의 자랑이니、
감회를 마음속에 정성 다해 심으리。

餞春

辛卯年(2011) 五月　大韓漢詩學會

餞春騷客水樓逢
花落江山綠帶濃
飛燕天中輝綺翼
流鶯柳裏艶佳容
一時絶景云貪欲
九十韶光願又雍
青帝秉權今夜盡
傾杯別酒滌悲胸

봄을 보내며 소객은 수루에서 만나니,
꽃 다한 강산은 녹대로 짙어가네.
하늘가에 제비 나는 고운 날개 빛나니,
버들 속에 류앵의 아름다운 용모가 곱네.
한때에 절경을 탐하고자 이르니,
구십 소광을 또 온화하기를 바라네.
청제의 권리도 오늘 다하는데,
경배에 이별주 가슴에 슬픔을 씻어주네.

綠陰讀又吟

辛卯年(2011) 六月 韓國漢詩協會

讀書陰下聞西窓
古屋檐端妨燕雙
階下白松思白岳
池邊靑柳慕靑江
登樓綠帶四隣海
出野黃雲千里邦
遠近良朋同席會
傾杯吟詠敢充腔

음하에 책 읽는 소리 서창에서 들으니,
고옥 첨단에서 제비 한 쌍이 시기를 하네.
섬돌 아래 백송은 백악을 생각하니,
못가에 청류는 맑은 강을 그리워하네.
누대에 오르니 녹대는 사린의 나라요,
들에 나가니 보리밭은 천리의 나라네.
원근에 가붕은 한옥 촌에 모여앉아,
음시로 슬잔 기울여 감히 빈속을 채우리.

月夜登南山

辛卯年(2011) 六月　三淸詩社

登高木覓月光多
啼血杜鵑愛戀歌
酒店紅燈無語益
漢江白水不聲過
九旬花氣市區盡
萬里草香天地和
夜景佳辰詩軸寫
何間杯裏沈金波

남산을 높이 오르니 월광이 가득하니,
두견이 피를 토해 우는 것은 애련가네.
주점에 붉은 등은 말없이 더해가니,
한강에 맑은 물은 소리 없이 지나가네.
구순의 꽃기운 도시에서 다하니,
만리의 풀 향기 천지에서 조화롭네.
야경의 가일을 시축에 옮기니,
어느새 잔속에 달빛이 잠겼네.

新凉

辛卯年(2011) 八月　大韓漢詩學會

朝夕新凉漸暑微
清宵銀漢美尤輝
移天火氣藏秋扇
入野金風脫夏衣
階下蟋聲恒聽樂
池中蓮色每瞻徽
皆過伏日好時復
案席讀書何不歸

조석에 신량으로 더위가 점차 적어지니、
맑은 밤 은한은 더욱 빛나 아름답네。
화기가 하늘로 옮겨 추선을 감추고
금풍이 들에 오니 하의를 벗어야지。
뜰아래 귀뚜리 소리 늘 들어도 즐겁고、
못 속에 연꽃 언제나 보아도 아름답네。
삼복이 다 지나 좋은 시기 돌아오는데
안석으로 글 읽으리 어찌 가지 않으리。

立冬已過

辛卯年(2011) 十一月　大韓漢詩學會

遠近山河草木枯
江邊一帶發葭蘆
燥花冷氣悠悠野
落葉寒風轉轉衢
騷客吟詩琴瑟樂
農夫飲酒鼓鉦娛
殘香白菊魂陶叟
如聖何時逐德模

원근산하에 풀과 나무가 마르는데,
강가 일대에 갈대꽃이 피었네.
냉기에 꽃이 말라도 들에서 한가하고,
한풍에 낙엽은 네거리를 뒹굴고 있네.
소객은 시를 읊으며 금슬로 즐기니,
농부는 술 마시며 북과 징으로 즐기네.
흰 국화의 잔향은 도연명의 혼인데,
어느 때에 성인과 같이 덕모를 따를까?

雪景

辛卯年(2011) 十二月　大韓漢詩學會

瑞雪埋塵滿地齊
四隣物色似煙迷
山中走獸忙尋餌
天裏飛禽困得棲
昨夜寒風成滑路
今朝暖氣泮凝溪
眼前萬里連如畫
勝景無窮豈寫題

서설이 티끌을 묻어 만지가 가지런하니、
사린의 물색이 연기 같이 희미하네。
산속에 짐승은 먹이 찾기 바쁘데、
하늘을 나는 새는 새 집 찾기 괴롭네。
어제 밤 한풍에 미끄러운 길 이루니、
오늘아침 난기가 언 시내 녹여주네。
안전 만리가 그림같이 이어지니、
승경이 무궁해 시제를 어찌 베끼리。

臘月雅會

辛卯年(2011) 十二月　三淸詩社

臘月騷人雅會時
寒風冷氣解消遲
霏霏雪片錦埋野
皓皓金丸燈掛枝
不斷名區千里畫
無窮勝地萬篇詩
窓梅一笑春聲報
共賦良辰把酒巵

섣달에 소인이 雅會하는 때、
한풍 냉기가 더디 가시네。
펄펄 나는 설편은 들을 묻는 비단이요、
밝은 달은 나뭇가지에 달린 등이네
부단한 명구는 천리가 그림이요、
무궁한 승지는 만편의 시이네。
창가에 매화가 피어 봄 소리 알리니、
좋은 날 시를 함께 지어 술잔을 잡으리。

祝詩

鳥啼花笑 / 33×30cm

祝韓日煎茶文化交流

丙戌年(2006) 六月　茗園文化財團

韓日烹茶樂
高堂試飮虔
幽香增友好
文化一心連

한일의 차 달이는 교류 즐거워、
고당에서 정성으로 시음을 하네。
그윽한 차 향기 우호를 더하니、
문화는 한 마음으로 이어지리라。

第八回國際刻字聯盟展

甲申年(2004) 十月　國際刻字聯盟展

交流刻展廈門開
五國才能各各魁
掛壁刀痕魂藝術
祝杯慶事界人栽

註: 中國 廈門市 鼓浪嶼

제 팔회 각자전 하문시에서 여니、
오국의 각자 재능이 각각 으뜸이네。
벽에 걸린 칼의 흔적 예술이 혼인데、
경사의 축배가 세상 사람에게 심네。

海南書刻創立展

甲申年(2004) 十一月

海南書刻展初開
作品英才各各魁
藝術無窮無盡路
刀痕含集世間栽

해남의 서각전을 처음으로 펼치니、
작품마다 뛰어남은 각각 으뜸이요。
예술의 세계는 무궁무진한 길이니、
칼의 흔적모아 世界속에 심으리。

第二十回無等美術大展　甲申年(2004) 十二月

大展流光二十年
萬人藝術競爭田
作家折桂才能足
無等精神願永連

무등 미술대전 이십년 세월이 흘러、
만인의 예술을 다투는 자리네。
절계한 작가는 재능에 만족하니、
무등 대전의 정신 영원히 이여 지길。

第三回韓中交流展 乙酉年(2005) 九月 韓國書藝協會

書法三回首爾開
高堂賀客羨奇才
年年友好交流裏
兩國同和樂祝杯

제3회 한중전 서울에서 개최하니、
고당에 하객은 기재를 부러워하네。
해마다 우호로 교류하는 속에、
양국은 동화하여 축배로 즐기네。

第九回國際刻字聯盟新加坡展

乙酉年(2005) 十一月

刻字新加迆九回
秋光挑興自賓來
才能妙味刀痕展
拍手高堂響似雷

각자전 신가파에서 구회를 맞으니,
추광이 흥을 돋워 하객은 스스로 오네.
재능에 묘미는 칼 흔적으로 펼치니,
고당에 박수소리가 우뢰와 같이 울리네.

第1回國際釜山書藝展

乙酉年(2005) 十一月 國際biennale

丹楓黃菊碧山爭
各國書人一席成
文化交流和合裏
墨香皆壁萬邦呈

단풍 황국이 푸른 산에서 다투는데、
각국에 서인들 한자리 이루었네。
문화 교류 화합 하는 속에、
온벽에 묵향은 만방에 드러나네。

祝韓日煎茶文化交流

丙戌年(2006) 六月　茗園文化財團

韓日煎茶文化緣
高堂力盡一心連
新芽雀舌如甘露
兩國交流友好專

한일 차 달이는 문화의 인연으로、
고당에서 힘 다해 일심으로 있네。
새싹의 작설 차 감로와 같으니、
양국의 교류는 오로지 우호일 뿐。

祝月刊詩書畫創刊

丙戌年(2006) 七月　月刊詩書畫

三絶登用始創刊
世人慶事詠詩歡
茂盛筆墨流充冊
藝術知行似芝蘭

삼절의 등용문 월간지 비로소 창간하니,
세인은 하경에 시를 읊어 기쁘네.
무성한 필묵이 책 속에 넘쳐흐르니,
예술의 지식과 행위는 군자와 같으리.

第三回韓中書法交流展(二)

丙戌年(2006) 八月　韓國書藝協會

韓中書法北京開
展示秋光助興魁
墨客蘭交酬酢裏
友情兩國溢金杯

한중의 난교 북경에서 여니、
전시에 추광이 흥을 도와 으뜸이네。
묵객이 난교로 잔 돌리는 속에、
양국의 우정이 금잔에 넘치네。

第三回韓中書法交流展(二)

丙戌年(2006) 八月　韓國書藝協會

韓中文化北京開
珠玉書痕世上魁
兩國三回因展示
得心好友感懷恢

한중의 문화를 북경에서 여니,
주옥 같은 글 흔적 세상에서 으뜸이네.
양국은 제3회 전시로 인하여、
좋은 벗의 마음을 얻으니 감회가 크네。

頌中國國際文化交流

丙戌年(2006) 八月 中國 威海市 招待展

文化交流兩國開
作家雲集自然來
世人耳目羨威海
友好無窮樂擧杯

문화교류를 양국이 여니,
작가 운집하여 스스로 오네.
세인의 이목은 위해를 부러워하니,
무궁한 우호를 잔 들어 즐기리.

頌第5回中韓日文化人書藝展

丙戌年(2006) 九月　韓國書文會

三國蘭交上海開
高堂賀客似雲來
才華筆跡年年展
緣墨無窮願祝杯

삼국의 난교 상해에서 여니、
고당에 하객 구름같이 오네。
재능의 필적 해마다 펼쳐、
먹의 인연 무궁을 축배로 원하리。

頌第十一回際刻字韓國展

丙戌年(2006) 九月　國際刻字聯盟展

刻字交流五國開
殿堂賀客似雲來
世人耳目東邦向
友好無窮願擧杯

각자의 교류 오국이 여니,
전당에 하객은 구름같이 오네.
세상의 이목은 동방으로 향하니,
우호가 무궁하기를 잔 들어 원하리.

註：五國：한국、중국、일본、싱가폴、말레시아

頌東方研書會創立五十週年記念

丙戌年(2006) 十一月

東方半百墨香開
槿域書家不絶來
故友相逢懷抱敍
只今慶事樂乾杯

동방 오십 주년을 묵향이 여니、
근역에 서가들 끊이지 않고 오네。
옛 친구 서로 만나 회포를 펴、
지금의 경사를 건배로 즐기리。

第16回京畿道書藝大展受賞者
西安同行機內有感 丁亥年(2007) 四月 수상자와 서안 여행

京畿大展登龍振
折桂書家不勝歡
墨客異才稱讚裏
依身銀翼向西安

경기도 서예 대전 등용을 떨치니,
수상한 작가는 기쁨을 이기지 못하네。
묵객은 남 다른 재주에 칭찬하는 속에、
은빛 날개에 의지한 몸은 서안으로 향하네。

祝한글＋漢字文化百號出刊記念

丁亥年(2007) 十一月

韓漢文明百號刊
無窮傳世寶書盤
冊張學習充教訓
此慶人人豈不歡

한자 한글의 문명의 백호 책을 출간하니、
끝없이 세상에 전할 보서의 반석이네。
책장마다 배우고 익히는 교훈이 가득한데、
이 경사 사람마다 어찌 기뻐하지 않으리。

祝鹿洞書藝展

墨香文化鹿洞開
遠近賓朋雲集來
藝術研磨常樂裏
覺知喜悅世人栽

註 :: 鹿洞 :: 시흥의 옛 이름.

戊子年(2008) 七月　始興4洞

묵향의 문화를 녹동에서 여니,
원근에 빈붕은 운집하여 오네.
예술은 연마로 항상 즐거움 속에,
깨달아 아는 희열을 세인에 심자.

千人招待作家展

戊子年(2008) 七月　月刊書藝文人畵

千人墨迹首都開
遠近賓朋自去來
藝術新風無限樂
作家喜悅萬邦栽

천인에 서화전 서울에서 여니,
원근에 빈붕은 스스로 오가네。
예술에 신풍은 끝없이 즐거운데,
작가에 희열을 만방에 심으리。

第七回日中韓文化人書作展

戊子年(2008) 十月　韓國書文會

筆墨因緣三國親
展於日本出尤新
無邊藝術蘭交結
文化東洋振世人

필묵의 인연으로 삼국이 친한데、
일본의 전시로 더욱 새롭네。
끝없는 예술을 난교로 맺으니、
동양의 문화를 세인에 떨치네。

祝靑谷金春子書展　戊子年(2008) 十月

靑谷書痕大廈開
多樣筆致賀客驚
名言好句萬人鑑
各界稱揚連世聲

청곡의 서예 혼을 전당에서 여니、
다양한 필치에 하객은 놀라네。
명언 호구는 만인의 거울인데、
각계의 칭송소리 세상으로 이어지네。

祝右菴先生詩集發刊　己丑年(2009) 五月

右菴詩集發刊呈　우암선생의 시집발간을 드러내니、
字字心中大意成　심중에 한자한자로 큰 뜻을 이루셨네。
萬象佳言充冊裏　삼라만상의 가언이 책속에 가득하니、
皆人龜鑑豈無明　모든 사람의 귀감이 어찌 밝지 않으리오。

祝金妍兒冬季體典制覇　庚寅年(2010) 三月

妙齡娘子妙技呈
場內如雷響喊聲
妖艷芳姿花幻想
銀盤制覇世人驚

묘령의 낭자가 내 나라를 들어내、
장내에 우레 같은 함성이 울리네。
요염한 방자는 환상의 꽃이라、
은반을 제패로 세상사람 놀라네。

祝 第1回 大韓民國詩書畵展覽會展

乙酉年(２００５) 十二月

詩書公募此鄕開
墨客騷人一志來
折桂作家名世振
震雷拍手筆化培
傾心藝術神光滿
盡力儒林淑氣魁
文化新風成勝地
登龍面面祝乾杯

시서 공모전을 대구에서 개최하니,
묵객 소인들 한 뜻으로 운집해 오네.
절개작가는 세상에 이름을 떨치니,
천둥 같은 박수소리 문필을 북돋우네.
예술에 마음기울이니 신광이 가득하고,
힘 다한 유림에 맑은 기운 으뜸이네.
문화의 새 바람이 승지를 이루니,
등용하는 얼굴마다 건배로 축하하리.

頌東方研書會創立五十週年記念

丙戌年(二〇〇六) 十一月

東方半百美名開
槿域書家不絶來
雅士大橡文趣鈑
高堂賀客興情培
研磨筆墨常知樂
吟詠詩歌每盡魁
創立精神傳竹帛
無窮藝術世人栽

동방 오십 주년을 아름답게 여니,
대한에 서가들 끊이지 않고 오네。
선비는 붓으로 글의 취미를 펼치니,
고당에 하객은 흥을 북돋아 정겹네。
필묵의 연마는 항시 알아 즐거운데,
시가를 읊을 때마다 으뜸을 다하네。
동방의 창립정신으로 죽백을 전하여,
무궁한 예술을 세상 사람에 심자。

第16回京畿道書藝大展 受賞者西安同行旅行有感 丁亥年(2007) 四月

大展揮毫得桂冠
飛機載體向西安
春天杳杳如青翠
雲海茫茫似素紈
墨客奇才無斷頌
作家副賞不藏歡
見聞學習年年繼
當此京畿鑑我韓

대전에 휘호로 월계관을 얻으니,
비행기 의지한 몸은 서안으로 향하네.
봄 하늘 아득해 비취같이 푸른데,
망망한 구름바다 흰 비단 같구나.
묵객은 기재에 칭송이 끊이지 않으니,
작가는 부상에 기쁨을 감추지 못하네.
견문의 학습을 해마다 이어 가니,
경기의 대전은 내 나라의 거울이로다.

祝軍浦發展

乙酉年(2005) 五月　軍浦文化院

軍浦繁昌帶艷陽
城都此地建佳鄉
千家車馬貌催發
萬戶主賓情盡芳
躍進商工揚旆見
交流文物不胸藏
將來福祉誰非願
騷客高聲祝賀觴

군포의 번창은 고운 빛이 띠를 두르니,
이 땅에 성도가 아름답게 세워졌네.
천가의 거마는 면모의 발전을 재촉하니,
만호의 주빈은 향기의 정을 다하네.
약진하는 상공의 깃발날림을 보니,
문물의 교류는 가슴에 감추지 않았네.
미래의 복지를 누구든지 원하니,
소객은 소리 높여 축하의 잔을 드네.

庇仁淸節祠文化財指定(二)

戊子年(2008) 一月　杞溪兪氏 大宗會

忠貞先烈古來深
槿域儒林不斷尋
堅守香壇千載寶
繼承美俗萬年心
世傳養德明連日
文化遺財振卽今
一族令公高貴感
騷人詠頌庇仁音

선열의 충정은 예로부터 깊으니,
근역에 유림들 끊이지 않고 찾네.
굳게 지키는 향단은 천년의 보배요,
계승하는 미속은 만년의 마음이네.
대대로 전할 양덕은 매일매일 밝으니,
문화재 유산으로 이제서야 떨치었네.
일족은 공으로 하여금 고귀함을 느끼는데,
소인이 칭송하는 시는 비인의 소리이네.

祝詩

庇仁淸節祠文化財指定(二)

戊子年(2008) 一月　杞溪兪氏　大宗會

淸節庇仁西海濱
丹忠固守鑑天眞
無瑕雅志心隱士
不朽芳名德古人
聳立祠堂回剩馥
掛高賜額自傾身
後孫喜信吟詩頌
賀慶儒林告日辰

청절 비인은 서해의 물가에서、
단충을 굳게 지키는 참된 거울이네。
티없이 고상한 뜻은 은사의 마음이요、
썩지 않는 이름은 고인에 덕이네。
우뚝 솟은 사당에 향냄새 감도니、
높이 걸린 사액에 스스로 몸을 굽히네。
후손은 기쁜 소식에 시를 읊어 칭송하니、
유림은 경사를 일신에 알리네。

祝麗雲齋竣工 (二)

戊子年(2008) 一月　杞溪兪氏　大宗會

建祠巨役告遺風
神彩山川瑞氣窮
千古宿願今聳立
萬年良俗舊承中
世傳養德明明白
代守忠情閃閃紅
吉地奉安名祖位
其誠盡力侍如空

사당 건립의 공사로 유풍을 고하니,
산천에 신비스런 서기가 다하네.
옛날의 묵은 소원 이제야 우뚝 서니,
만년의 양속을 계승하는 중이네.
대대로 전할 양덕은 밝게밝게 빛나니,
대를 지키는 충정은 붉게 번득이네.
좋은 터에 봉안은 이름난 조상의 자리오니,
그 정성 힘 다해 하늘같이 모시리.

祝詩　414

祝麗雲齋竣工 (二)

戊子年(2008) 一月 杞溪兪氏 大宗會

祠廟竣工自肅然
焚香奠酌伏靈前
芳名不朽榮萬歲
雅志無瑕寶千年
競頌儒林如主上
欲恭世族似天邊
彬彬行跡承先祖
後代榮華發慶烟

사묘 준공에 스스로 숙연해 지니,
분향 전작으로 영전에 엎드립니다.
썩지 않는 이름은 만년의 영화요,
티 없는 바른 뜻은 천년의 보배네.
유림은 임금 같이 칭송을 다투니,
세족은 하늘같이 공손 하고자 하네.
찬란한 선조의 행적을 이으면,
후대에 영화가 안개같이 피어나리.

祝第17李明博代大統領候補黨內當選

丁亥年(2007) 九月 三十日 大統領候補 競選

元首我邦候補呈
兩人競選四隣成
論爭比較榮華意
經濟追求富貴盟
黨內得票雖不勝
民心靖國尙鮮明
太平聖代希望願
制霸英雄玉座迎

내 나라 원수 후보로 드러내니,
양인의 경선은 전국에서 이루었네.
논쟁의 비교는 모두 영화의 뜻이요,
경제 추구는 서로 부귀를 맹서하네.
당 안에 득표에는 비록 이기지 못했지만,
민심은 나라의 안녕을 오히려 선명했네.
태평성대한 나라를 희망하여 오니,
영웅 제패하여 옥좌를 맞이하소서.

祝詩 416

第17代李明博代大統領候補選舉遊說

丁亥年(2007)12月19日

選擧吾邦較偉才
黨同伐異小事猜
街頭遊說星爭路
壇上詮論龍戰臺
國政公明公約亂
民心自覺自矜栽
英雄制覇憑誰問
已定知人勸酒催

내 나라 선거로 훌륭한 재능을 겨루는데,
당동벌이는 작은 일에 의심을 내네.
가두에 유세는 별이 다투는 길이요,
단상에 전논은 용상을 다투는 누대네.
국사의 정치 공명 공약이 어지러워도,
민심은 스스로 깨달아 긍지를 심었네.
영웅 제패를 누구에게 의지해 물을까?
이미 정한 지인 술 권하기를 재촉하는데.

第17代李明博代大統領候補選舉日

丁亥年(2007) 12月 19日

元首吾邦欲選今
江山不醒早朝臨
豫料玉座常途卜
候補龍床已定斟
國事安寧爲限事
民心經濟自歸心
英雄制覇天公意
百姓和同備鼓琴

내 나라의 원수를 이제 가리고자,
강산이 깨지 않은 이른 아침에 임했네.
옥좌를 헤아려 일상의 일로 점을 치니,
용상에 후보를 이미 정해 짐작했네.
국사의 안녕에 무한한 일을 위하여,
민심은 경제에 마음을 스스로 돌렸네.
영웅 제패는 하느님의 뜻이오니,
백성과 동화하길 고금을 준비하시길.

第17代李明博大統領當選

丁亥年(2007) 12月 19日 大統領選擧日

英雄制霸四隣呈
經濟希望似已明
親政皆傾賢者意
得票半過庶人聲
更張發展今時繼
眞理融和萬代成
欲性運河收必是
與民同樂享新榮

영웅제패로 사린에 들어내니,
경제에 희망이 이미 밝은 것 같네.
친정에 모두 기울임은 현자의 뜻이요,
과반의 득표는 서민의 소리네.
제도를 고쳐 지금이라도 발전시키면,
진리의 융화로 만대를 이루리.
바라고자 하는 운하를 꼭 거두시어,
여민동락하여 새로운 영화를 누리소서.

祝第17代李明博大統領就任

戊子年(二〇〇八)二月 25日

社稷安危繫政明
李公就位大功成
仁心固守千秋範
德性堅持萬歲淸
世合文華先盡力
民間經濟最傾誠
國家處事無偏僻
統一將歸享共榮

사직에 안위는 정명을 밝히는데 달려 있어,
이공은 자리에 나가셔서 대공을 이루셨네。
인심을 굳게 지킴은 천년에 모범이 되고、
덕성을 굳게 지킴은 만년에 청백함이네。
세합 문화에 으뜸으로 힘을 다하시니、
민생은 경제에 먼저 정성을 기울이셨네。
나라에 일을 처리함에 편벽함이 없으면、
통일로 장차 돌아가 영화를 함께 누리리。

祝詩

祝第49回昌明女子中高等學校卒業式

戊子年(2008) 二月

四九星霜卒業迎
昌明學校四隣明
師君指導心傾盡
弟子登龍世上呈
時習修身千載寶
致知格物萬年榮
祝賓拍手高堂響
與日芳名宇內盈

사십 구년의 졸업을 맞이하니,
창명학교 사린에서 밝았네.
스승의 지도는 마음 기울여 다하니,
제자는 등용은 세상에 드러났네.
때때로 익혀 몸 닦음은 천년의 보배요,
격물치지의 깨달음은 만년의 영화네.
축빈의 박수가 고당에 울려 퍼지니,
날과 더불어 방명이 세상 가득 차리라.

祝愼鏞郁校長功勞賞鳳凰賞受賞

戊子年(2008) 二月

先生道學導清眞
受賞勳章振四隣
胸裏智謀開後輩
天心感應現賢人
古風禮法明忠孝
今世經綸莫不親
喜信爲因詩軸展
微塵誠意頌吟仁

선생의 도학은 청진으로 인도하니、
수상한 훈장은 사린에서 떨치었네。
흉중에 지모를 후배에게 여니、
천심도 감응하여 어진 자에게 나타났네。
고풍의 예법으로 충효를 밝게 하니、
금세에 경륜이 친하지 않은 데가 없네。
기쁜 소식으로 인하여 시축을 펼쳐、
미진한 정성으로 어짊을 읊어 칭송하리。

祝韓國書藝協會創立二十週年

戊子年(2008)7월 韓國書藝協會

書協星霜二十年
東方文字古今連
作家盡力詩書展
賀客其功酒宴宣
筆墨研磨千載業
騷人吟詠萬年傳
蘭交創立精神繼
世界無邊藝術田

서협 창립 이십 주년을 맞이해、
동방의 문자가 고금을 이었네。
작가는 힘 다해 시서를 펼치니、
하객은 그 공에 주연을 베푸네。
필묵의 연마는 천년의 업이요、
소인의 시 읊음은 만년의 전하리。
난교로서 창립정신을 이으니、
세계는 끝없는 예술의 밭이로다。

祝韓國書藝協會創立二十週年
記念世界文字展

戊子年(二〇〇八) 七月　韓國書藝協會

書協星霜二十迎
各邦文字展華京
作家盡力元功振
賀客稱名偉業驚
吟詠詩歌千載寶
研磨筆墨萬年情
每回發表蘭交裏
世界無邊一脈成

한국서협 창립 이십 주년을 맞이하여、
각 나라 문자를 서울에서 펼치네.
작가는 힘 다해 으뜸으로 공을 떨치니、
하객은 이름을 일컬어 위업에 놀라네.
시가를 읊는 것은 천년의 보배요、
필묵을 연마 하는 것은 만년에 뜻이네.
매회 발표하여 친분으로 사귀는 속에、
세계는 끝없이 한 줄기를 이루네.

祝杞溪兪氏青陵墓域貫革齋奉安式

戊子年(2008) 陰 八月 青陵宗會

先塋舊域際新成
貫革無邊瑞氣生
幽宅長傳千古垈
祠堂猶獻萬年觴
儒林頌德稱嘉慶
後裔嚴恭振慕情
吉地奉安龍虎座
不休孝敬盡其誠

선영에 옛 묘역을 새로 이뤄 모으니
관혁재 모든 곳곳에 서기가 살아나네.
유택을 길이 전할 천고의 터전에,
사당에 가히 헌주하니 만년의 잔이요.
유림은 송덕에 가경을 칭송하니,
후손들 엄한 공의로 모정을 떨치네.
길지의 봉안은 용호의 자리오니,
휴지 않는 효와 경 그 정성 다하리.

祝韓國書藝博物館開館記念

戊子年(2008) 十月　韓國書藝博物館開館

書藝殿堂開館際
祥光日月水原明
長傳好垈天稱垈
不朽芳名世定名
墨客揮毫千載筆
騷人覓句萬年瓊
今時偉業京畿振
青史元功四海成

한국의 서예박물관 개관을 맞이하니,
일월의 상스러운 빛이 수원에서 밝네.
길이 전할 좋은 터는 하늘이 지칭한 터요,
썩지 않을 이름은 세상에 정한 이름이네.
묵객의 휘호는 천년이 지날 글씨요,
소인은 먹구는 만년의 주옥같은 글이네.
이제 훌륭한 대업을 경기에서 떨치니,
역사의 으뜸의 공이 만국에서 이루리.

祝 한글 + 漢字文化創立十周年記念

戊子年(2008) 十月

月刊韓漢十周迎
退治文盲槿域明
聖法追修堯舜德
人才養育孟荀情
綱常繼本心靈裕
天地承根國事貞
處處儒林其奉志
無窮發展久望賡

한글 + 한자문화 창립 십 주년을 맞이하니,
문맹에 퇴치는 근역에서 밝았네.
성현을 쫓아 닦음은 요순의 덕이요,
인재를 기르는 것은 맹순의 뜻이네.
강상의 근본을 이으니 심령이 넉넉하고,
천지의 근본을 이으니 국정이 바르네.
곳곳에 유림은 창립정신의 뜻을 받들어,
무궁한 발전을 오래 잇기를 바라네.

祝九老文學十二號發刊 戊子年(2008) 十二月

九老文人一席成
四隣筆客發刊驚
請賓誦詠酒筵展
隱士頌聲心地誠
名勾嘉言千載寶
佳詩妙味萬年明
森羅萬象篇中滿
此慶無窮敢願賡

구로의 문인협회 한 자리를 이루니,
사린에 필객은 발간에 놀라네.
빈을 청해 시를 읊어 주연을 펼치니,
은사의 칭송소리 마음에 정성이네.
명구에 아름다운 말은 천년의 보배요,
아름다운 시의 묘미는 만년 밝으리.
삼라만상은 책속에 가득하니,
이 경사 끝없이 잇길 감히 원하리.

祝昌明女子中高學校開校五十周年

己丑年(2009)四月

開校昌明半百迎　　창명여중고등학교 개교 오십년을 맞으니,
來賓行列四隣賓　　오시는 귀빈의 행렬이 사린을 이었네。
吟詩賀客溫情感　　하객은 시를 읊어 따뜻한 정을 느끼니,
祝福同門喜氣盈　　복을 비는 동문은 기쁜 기분 가득하네。
教育無窮師道本　　교육은 무궁한 선생이 가야할 근본이고,
學知不朽世途榮　　배워서 앎은 썩지 않는 처세의 영화네。
訓言孔孟綿綿裏　　공자 맹자의 교훈을 면면이 잇는 속에,
此慶彬彬萬歲成　　찬란히 빛나는 이 경사 만년을 이루리라。

杞溪俞氏忠穆公派 青陵宗中祠堂廣賢齋落成式 己丑年(2009) 陰 九月

廣賢齋室建新成
貫革無邊日月明
參拜焚香千古頌
崇祠獻酒萬年賡
羹牆遠慕先君德
籩豆恭陳後裔情
吉地奉安名祖位
敬承良俗盡其誠

광현 재실을 새로 건립해 이루니,
관혁 모든 곳곳에 일월이 밝네.
참배하여 향을 피워 천년을 기리고,
숭상하는 제사 헌주로 만년을 잇네.
남은 敬慕 오래 사모함은 선군의 덕이요,
제기 그릇 받들어 받침은 후손의 정이네.
길지에 봉안은 이름난 조상의 자리인데,
미풍양속을 계승하여 그 정성 다하리.

祝九老時報(타임즈) 創刊十週年　庚寅年(2010) 三月

時報星霜十轉遷
域中發展世間連
區民小事如雷聽
九老多聲滿紙塡
眞筆無消千載振
華文不屈萬年全
迎春此慶隣邦響
騷客吟詩願久傳

구로 타임즈의 세월 십년을 돌아 옮기니,
구로 지역의 발전이 세상으로 이었네.
구민의 작은 일 천둥소리같이 들으니,
구로에 많은 소리 지면을 가득 메웠네.
진정한 필은 살아지지 않아 천년 떨치고,
빛나는 문장 꺾이지 않고 만년을 온전하리.
봄을 맞은 이 경사 이웃나라 까지 울리니,
소객은 시를 읊어 오래 전하 길 원하네.

祝第二十二代車大榮美協理事長當選

庚寅年(2010) 1月 9

英雄制覇四隣呈
美協希望似已明
遊說傾全賢者意
得票過半藝人聲
更張發展今時繼
眞理融和萬代成
欲性敍情收必是
無邊世界振揚名

영웅 제패하여 사린에 들어내니,
미협의 희망이 이미 밝은 것 같네。
유세의 모두 기울임은 현자의 뜻이요,
득표의 과반은 예술인의 소리네。
발전의 제도를 지금이라도 이으면,
융화의 진리는 만대를 이루리。
바라고자 하는 정서를 꼭 거두어,
무변한 세계 속에 이름을 날려 떨치소서。

頌李 星 九老區廳長就任

庚寅年(2010) 七月

廳長就任四隣呈
九老希望已大明
各界頌辭如地動
區民祝賀似雷聲
崇文政策人和礎
經濟雄謀國力成
剔抉非違公約守
應當世上振揚名

구청장의 취임 사린에 들어내니,
구로의 희망은 이미 크게 밝았네.
각계의 찬미 언사는 지동과 같으니,
구민의 축하소리 우레와 같네.
숭문 정책이 인화의 기초가 되면,
경제의 웅모로 국력을 이루리.
비위 척결로 공약을 지키면,
응당 세상에 이름을 날려 떨치리.

頌友竹楊鎭尼先生　庚寅年(2010) 八月

楊翁神筆旣成童
高德名聲四海雄
素志眞心凡衆導
明箴道理萬人隆
墨香與硯平生樂
顔色如仙每日同
古法研磨牽後學
其功業績豈無崇

선생님의 신필 이미 소시에 이루었으니、
높은 덕의 명성 사해에서 뛰어나셨네。
평소의 진심으로 범인을 지도하시니、
밝은 후계 도덕으로 만인이 융성했네。
묵 향기 벼루와 평생을 즐기시니、
안색이 신선과 같이 늘 같습니다。
고법의 연마로 후학을 이끄시니、
그 공의 업적 어찌 숭상함이 없으리。

頌友竹楊鎭尼先生書藝展

庚寅年(2010) 八月

楊公書法展新開
各界名人雲集來
石硯平生磨墨盡
帛巾每日寫經栽
英章秀句千秋鑑
神筆揮毫萬世枚
賀客歡談無限裏
高堂和氣溢金杯

선생에 서법을 새롭게 열어 펼치시니、
각계의 명사님 운집하여 오시고。
돌벼루 평생 먹을 갈아 다하시어
비단에 매일 경서를 베껴 심으셨네。
좋은 문장 여구는 천년의 거울이라
신필에 휘호는 만년에 줄기이시네。
하객의 축하 말씀 끝이 없는 속에
전시장의 화기가 금잔에 넘칩니다。

祝農人先生書協首爾支會長當選

辛卯年(2011) 一月　書協 首爾支會

選良首長四隣呈
支會希望似已明
遊說傾全賢者意
得票過半藝人聲
更張發展今時繼
眞理融和萬代成
所欲開心改善盡
無邊書協振揚名

지회장 가려 뽑아 사린에 들어내니、
서울지회의 희망이 이미 밝은 것 같네。
유세의 모두 기울임은 현자의 뜻이요、
득표의 과반은 예술인의 소리이네。
발전의 제도를 지금이라도 이으면、
참된 이치의 융화로 만대를 이루리。
하고자 하는 바 마음을 열어 개선하면、
무변한 서협에서 이름을 날려 떨치리。

祝三溪先生書協理事長當選

辛卯년(2011) 一月 韓國書藝協會

選良首長四隣呈
書協希望似已明
定見傾心仁者意
得票過渡墨人聲
更張發展千年願
眞理同和萬代成
所欲敍情改善盡
無邊藝界振揚名

선거로 가려 뽑은 이사장 사린에 들어내니、
서협의 희망이 이미 밝은 것 같네。
정견의 마음 기울임은 어진자의 뜻이요、
득표로 시대를 바꿈은 묵인의 소리이네。
갱장의 발전 천년을 바라니、
진리의 동화로 만대를 이루리。
하고자 하는 뜻을 펼쳐 개선을 다하면
무변한 예술세계에 이름을 날려 떨치리。

杲岡書藝學院三十週年回顧　辛卯年(2011) 八月

開院黌堂迓卅巡
低頭回顧感懷新
因緣筆墨平生福
磨琢詩文萬世珍
來往門徒無變友
別離師法不窮辰
傳承正統從書聖
敎學應當盡力伸

서예학원개원이 삼십 주년을 맞아,
머리 숙여 회고하니 감회가 새롭네.
붓과 먹의 인연은 평생 복이요,
시와 문의 마탁은 만년 보배네.
오고 가는 문하생 변치 않는 벗이고,
속세 떠난 사법은 끝없는 별이시네.
정통의 서법을 전승하여 서성을 쫓아,
당연히 교학으로 힘 다해 펼치리.

祝詩　438

祝京畿道書畫大展十週年　辛卯년(2011) 九月

大展星霜迓十年
世中認定確然筵
詩書畫刻高堂示
筆墨刀痕一脈連
折桂作家名位得
滿場賀客手才虔
新風藝術京畿起
輩出登龍豈不傳

서화대전 십년의 세월을 맞이하니,
세상이 인정한 확연한 자리이네.
시서화각을 고당에서 전시하니,
필묵도흔이 한 줄기로 이었네.
절개 작가는 이름과 지위를 얻으니,
만장에 하객은 손재주에 공경하네.
새 바람의 예술 경기에서 일어나니,
인재배출 등용문을 어찌 전하지 않으리.

頌第1回京畿名唱林春姬院生 發表會

辛卯年(2011) 十一月

開院星霜迓三年
才能發表四隣連
高堂賀客如花艶
瓊室門生似仙妍
國樂登龍名振得
民謠治世意伸全
今時饗宴宸襟響
此慶無窮禱久傳

국악개원의 세월 삼년을 맞이하여,
재능 발표로 만방을 이었네.
고당에 하객은 꽃같이 곱고,
경실에 문생은 신선같이 아름답네.
국악 등용으로 이름을 떨쳐 얻었으니,
민요로 치세하여 뜻을 모두 펼치소서.
지금의 잔치가 천자의 마음을 울리니,
이 경사 끝없이 오래 전하길 빕니다.

壽宴

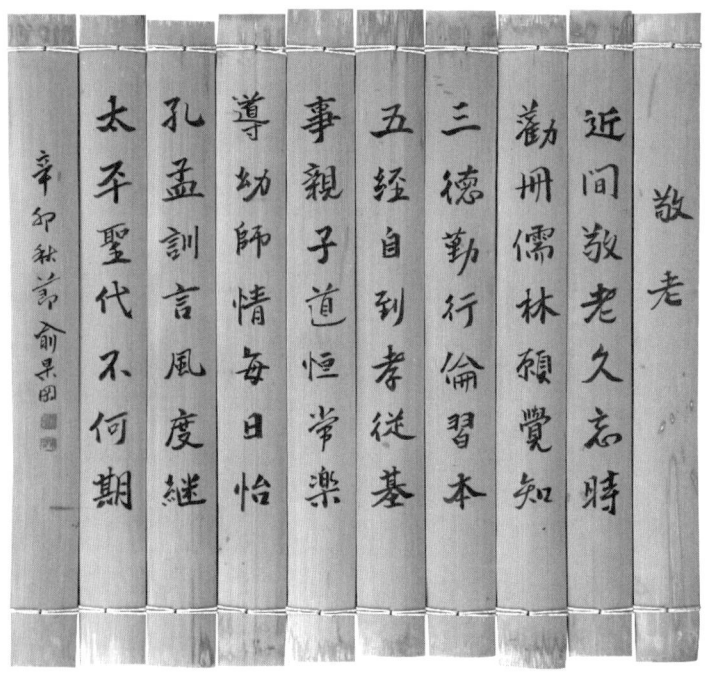

敬老 / 33×30cm

壽宴

頌嚴親八旬

甲申年(2004) 四月

不精母血遂吾身
子息愛情如九旻
深澤兩親家脈發
博施三族玉莖因
皺顏歲月文章刻
髮斐生年畫譜伸
今到孝經行晚悟
樂心寧壽禱迎新

아버님 날 나으시고 어머님 날 기르시니,
자식 사랑하는 맘 가을 같이 높으시네,
깊은 은혜로 양친은 가풍을 일으키시고,
널리 베푸심으로 삼족이 한 줄기로 이었네.
얼굴에 잔주름은 세월에 문장을 새기시고,
머리에 무늬는 평생의 화보를 펴셨네,
오늘에 와 효경을 늦게 깨달아 행하오니,
즐거우신 마음으로 편안하시길 새삼 빕니다.

謹次春山先生米壽志感

乙酉年(2005) 七月(成均館漢詩修練院)

乙酉春翁米壽迎
皺顏豪氣滿花生
騷人殿閣吟詩句
賓客高堂交酒觥
布德後孫明道理
偉功今世振名聲
短才祝福書奉獻
長樂無窮享歲榮

을유년 춘옹의 미수를 맞이하니、
주름진 얼굴에 호기가 꽃이 피듯 가득하네。
시인은 전각에서 시구를 읊으니、
빈객은 고당에서 술잔을 주고받네。
후손에게 덕을 펴는 도리가 밝으시니、
오늘에 훌륭한 공으로 명성을 떨치셨네。
짧은 재주로 복을 빌어 글을 드리오니、
장락 무궁하여 세세토록 영화를 누리소서。

壽宴

頌金秉漢查丈翁八旬

丙戌年(2006) 二月

金翁丙戌八旬迎
陰德施恩此世明
賓客祝杯祈萬歲
子孫獻酒盡精誠
家門瑞氣三光集
屋內祥風五福生
今日頌詩長壽願
喜心如鶴享康榮

김병한 사장님의 팔순을 맞이하니、
음덕과 은혜를 베푸시어 세상이 밝네。
빈객은 축배로 만년을 바라고、
자손은 헌주로 정성을 다하네。
가문에 상스런 기운 삼광이 모이니、
집안에 상스러운 오복이 생기네。
금일 송시로 오래 사시길 원하오니、
기쁜신 마음으로 학과같이 누리소서。

頌素巖朴喜宅會長八旬

丙戌年(2006) 十二月

于天受命八旬迎
種德素翁其跡明
獻酒子孫千歲禱
揮毫墨客萬年情
傳承古法伸良俗
養育英才振美聲
書界功勳今世鑑
無窮長樂享華榮

하늘에 명을 받아 팔순을 맞이하시니,
덕을 쌓은 선생의 그 자취 밝으셨네.
자손은 잔을 드려 천세를 빌고,
묵객의 휘호는 만년의 정을 드리네.
고법을 이어 미풍양속을 펼치시고,
영재 길러 내어 미성을 떨치셨네.
서예계의 공훈은 지금의 거울이시니,
끝없는 즐거움으로 영화를 누리소서.

祝家兄炳椿回甲

丙戌年(2006) 十二月

鐵樹花開迓甲年
家和琴瑟總欣然
諸朋祝賀祈天壽
滿子精誠獻酒筵
五福均齊雖不備
三光瑞氣尚長連
暫忘世事霞觴樂
無極榮華享似仙

쇠 나무에 꽃피는 회갑을 맞이하시니、
화목한 가정 금슬에 모두 기뻐하시네。
붕우의 축하는 모두 하늘의 명을 빌고
자식에 정성 가득한 잔 올리는 자리요。
오복은 고루고루 비록 갖추지 못했지만、
삼광의 서기가 오히려 길게 이어졌네。
세상일 잠시 잊고 하상으로 즐기시어、
끝없는 영화를 신선과 같이 누리소서。

頌朴鎔益姨母夫古稀

丁亥年(2007) 一月

于天受命古稀迎
種德朴翁其跡明
賓客吟詩千歲壽
子孫獻酒萬年情
家風禮法承頑固
公職功名不斷聲
黑髮紅顔如少壯
餘生景福享安榮

하늘에 명을 받아 칠순을 맞이하시니,
덕을 펴신 박옹의 그 자취 밝으셨네.
빈객은 천년의 수를 시로 읊으니,
자손들은 만년의 정을 잔으로 드리네.
가문에 예법 풍속을 어기지 않으시니,
공직에 공명 칭송소리 끊이지 않네.
흑발에 홍안은 젊은이와 같으시니,
여생의 경복을 편안하게 누리소서.

和兢齋尹烈相古稀感懷吟　丁亥年(2007) 四月

兢齋雅士迓稀年
種德遐齡理固然
各道儒林詩禱壽
四隣親戚福望全
古風教典明忠孝
今日功名似聖賢
獻酒子孫長樂願
慶筵稱頌九春連

긍재 선생님의 고희를 맞이하시니、
덕을 펴신 장수는 당연한 이치시네。
각도의 유림은 시로써 장수를 비니、
사린의 친인척은 모든 복을 바라네。
고풍을 가르쳐 충효를 밝히시니、
오늘날의 공명이 성현과 같습니다。
잔 드리는 자손은 장락을 바라는 속에、
경연장에 칭송소리 구춘으로 이어지네。

頌朴花淳女士回甲

丁亥年(2007) 八月

福兼回甲似靑春
鐵樹花開日月新
忠孝傳家門閥立
愛恩事族世人仁
壎篪與壽恒時樂
琴瑟偕床萬歲親
鳳子麟孫杯獻裏
滿堂賀客舊情伸

복을 겸한 회갑이 청춘과 같으니,
쇠기둥에 꽃이 피어 일월이 새롭습니다.
충효전가로 문벌을 세우시니,
애은사족 세인에 어지셨네.
형제사이 수와 더불어 항시 즐기시니,
부부가 상을 함께해 만년 친하시네.
아들 손자가 잔을 올리는 속에,
만당에 하객과 옛정을 펼치소서.

壽宴 450

祝三從兄兪炳駿古稀　丁亥年(二〇〇七) 十二月

修德齊家七十年
族兄吉日祝禧筵
芝蘭繞砌世稱慶
琴瑟偕床天定緣
舊友迎時傾酒樂
近親至處獻花鮮
斑衣舞曲高堂滿
萬福連綿永久傳

덕을 닦아 집을 가지런한지 칠십 년에,
족형의 생신을 맞이해 복을 비는 자리네.
지란이 섬돌을 두르듯 세상이 경사를 칭하니、
부부는 상을 함께 해 하늘이 정한 인연이네.
옛 친구 맞이하여 술잔 기울여 즐기는 때에、
근친은 이르러 꽃을 드려 아름다운 자리요.
색동옷에 춤과 음악이 고당에 가득하오니、
만복이 길게 이어졌으니 끝없이 전하시겠네.

頌祝道山柳暎烈先生古稀

丁亥年(2007) 十二月

道山雅士迓稀年
慶賀來賓稱頌全
故友儒林詩禱壽
麟孫親戚福望先
古風禮法明儒學
今日衣冠似聖賢
琴瑟相和人世鑑
芝蘭繞砌得芳筵

도산 선생께서 고희를 맞이하시니,
경하 드리는 내빈은 모두 칭송을 하네.
옛 친구 유림은 시로써 장수를 비니,
손자 친인척은 먼저 복을 바라네.
고풍의 예법으로 유학에 밝으시니,
오늘의 의관이 성현과 같습니다.
부부간에 화합은 세상에 거울이시니,
지란이 섬돌을 두르듯 방연을 얻으셨네.

頌祝萊軒金熙睦先生回婚　戊子年(二〇〇八) 十月

修德家門迓上春
青紅復結晃衣新
芝蘭繞砌屯同友
琴瑟偕床舞近親
處世無瑕承舊業
至言信義接芳隣
子孫獻酒千年禱
賀客吟詩萬壽伸

덕을 닦은 가문에 상춘을 맞이해、
청홍을 다시 맺으니 면의가 새롭습니다。
지란이 섬돌을 두르듯 친구들 가득하니、
부부 상을 같이 하니 근친은 춤을 추네。
처세에 티 없어 옛 업적 이으시니、
말씀에 이르러 신의는 방린에 접했네。
자손은 헌주로 천년을 비니、
하객은 시를 읊어 만수를 펼치네。

頌俞再淑傘壽宴

戊子年(2008) 二月

鐵樹化開戊子年
高堂壽宴祝儀連
繼承禮典文心赫
傳受家門子女賢
繞砌芝蘭稱世慶
偕床琴瑟定天緣
兒孫獻酒祈多福
族弟吟詩頌此筵

쇠기둥에 꽃피는 무자년에、
고당에 장수 잔치의 의식으로 이어졌네。
예전을 계승하는 문심이 밝으시니、
전해 받는 가문에 자녀가 어지네。
지란이 섬돌을 두르듯 세상이 칭한 경사고、
상을 함께한 금슬은 하늘이 정한 인연이네。
자식 손자들 헌주로 많은 복을 비니、
족제는 시를 읊어 이 자리를 칭송합니다。

頌林栽英先生傘壽宴 戊子年(二○○八) 三月

鐵樹花開戊子年
康寧福祿共兼全
事親奉祖門中範
孝友傳家宇內賢
繞砌芝蘭稱世慶
偕床琴瑟定天緣
兒孫獻酒祈長壽
與弟呈詩頌此筵

무쇠 나무에 꽃이 피는 이천 팔년 삼월 팔순에、
건강과 안녕으로 복록이 모두 함께 겸하셨네。
어버이 섬기고 조상 받들어 문중에서 모범이시니、
효와 우애가 가문에 전해 우내에서 어지셨네。
지란이 섬돌을 두르듯 세상이 칭한 경사고、
상을 함께 한 금슬은 하늘이 정한 인연이시네。
아들 손자는 잔을 드려 오래 사시길 비오니、
형제는 더불어 시 드려 이 자리를 칭송합니다。

祝三從兄兪炳夏翁八旬　戊子年(2008) 七月

鐵樹花開度幾春
康寧壽福亦兼新
稱揚世慶千年喜
結契天緣萬歲珍
崇祖事親門閥赫
傳家孝友子孫仁
斑衣共舞筵華麗
琴瑟偕床享樂伸

쇠 나무에 꽃핀 지 몇 해의 봄이 왔는데,
강녕과 수복이 또 겸하시니 새롭습니다.
세상이 경사를 칭찬하니 천년의 기쁨이요,
하늘의 인연으로 맺음은 만년의 보배이네.
조상 숭상과 어버이 섬겨 가문에 밝으시니,
대대로 전하는 효우는 자손까지 어지셨네.
색동옷에 춤과 함께 자리가 화려하오니,
상을 같이한 금슬로 즐거움을 누리소서.

祝叔母八旬宴

己丑年(２００９) 五月

福兼天命八旬迎
鐵樹花開顏色明
傳受家風賢子女
繼承禮度得英名
恒時大喜願伸樂
今日微誠呈詠聲
繞砌芝蘭稱世慶
康寧萬壽享光榮

하늘의 명으로 복을 겸해 팔순을 맞이시니、
쇠기둥에 꽃이 피어 안색이 밝으시네。
전해 받은 가풍으로 자손들 어질고、
계승하시는 예도로 꽃 같은 이름 얻으셨네。
늘 큰 기쁨으로 즐겁게 펼치시기를 원해、
금일 작은 정성으로 시를 읊어 드립니다。
지란이 섬돌을 두르듯 세상이 칭한 경사라、
건강과 안녕으로 만수의 광영을 누리소서。

頌溪山崔載閏先生八旬　庚寅年(2010) 一月

福兼天命八旬春
鐵樹花開顏色新
文筆揚名千代喜
詩書交友萬年親
古風禮法明忠孝
今日衣冠得養眞
繞砌芝蘭稱世慶
康寧鶴壽享俱伸

하늘의 명으로 복을 겸해 팔순의 봄이라、
쇠기둥에 꽃이 피어 안색이 새롭습니다。
문필로 이름을 날리심은 천대의 기쁨이라、
시서로 벗을 사귀시니 만년친하시리.
고풍의 예의범절로 충효를 밝게 하시니、
오늘의 의관은 천부의 본성을 길러 얻으셨네。
자손이 섬돌을 두르듯 세상이 칭한 경사오니、
강녕으로 학과 같은 수를 누려 펼치소서。

頌兪永培先生古稀

庚寅年(2010) 三月

于天受命古稀迎
種德兪翁其跡明
騷客吟詩千歲禱
子孫獻酒萬年情
家風禮法承頑固
神筆功名不斷聲
鐵樹花開顔色赫
康寧似鶴享安榮

하늘에 명을 받아 고희를 맞이하시니,
덕을 펴신 유옹 그 자취 밝으셨네.
소객은 시를 읊어 천년을 비니,
자손에 헌주는 만년의 정이네.
가문에 예법 풍속을 어기지 않으시니,
신필에 공명 칭송소리 끊이지 않네.
철수에 꽃이 피어 안색이 붉으시니,
강녕을 학과 같이 영화를 누리소서.

頌張順任女史白壽筵 庚寅年(2010) 三月

福兼天命麗如春
鐵樹花開顔色新
獻酒子孫無病禱
吟詩賓客感慈仁
百年與壽諸人羨
四代偕家德宇珍
繞砌芝蘭稱世慶
康寧似鶴享長伸

복을 겸한 하늘의 명이 봄 같이 아름다워,
쇠기둥에 꽃이 피어 안색이 새롭습니다.
헌주하는 자손은 병이 없기를 비니,
시 읊는 빈객은 깊은 인정을 느끼네.
백년의 수를 함께 하시니 모든 사람들 부럽고,
사대를 가문과 함께 하시니 인품이 보배이시네.
자손이 섬돌을 두르듯 세상이 칭한 경사 오니,
강녕으로 학과 같이 오래오래 누리소서.

頌晚悟李殷基先生八旬

辛卯年(2011) 正月

福兼天命八旬春
鐵樹花開日月新
忠孝傳家門閥立
能書交友世人仁
壎篪與壽恒時樂
琴瑟偕床萬歲親
鳳子麟孫杯獻裏
滿堂賀客舊情伸

하늘의 명으로 복을 겸해 팔순의 봄이라、
쇠기등에 꽃이 피어 일월이 새롭습니다.
충효전가로 문벌을 이루시니、
능서로 벗을 사고 세인에 어지셨네.
형제사이 수와 더불어 항시 즐기시니、
부부가 상을 함께해 만년 친하시네.
아들 손자가 잔을 받치는 속에、
만당에 하객과 옛정을 펼치소서.

頌松岡朴明熙先生古稀　辛卯年(2011) 三月

于天受命古稀迎	하늘에 명을 받아 고희를 맞이하시니,
展示朴翁其跡明	전시로 박옹의 그 자취 밝으셨네.
騷客吟詩千歲禱	소객은 시를 읊어 천년을 비옵고,
友人揮筆萬年情	벗의 휘호는 만년의 정을 드리네.
家傳孝友兼全福	家傳에 효도와 우애로 복을 겸했으니,
世襲簪纓遍著名	세대를 잇는 高官의 이름을 나타내셨네.
鐵樹花開顔色艶	철수에 꽃이 피어 안색이 고우시니,
康寧與壽享安榮	강녕과 수와 더불어 영화를 누리소서.

祝 朴花子女士回甲　辛卯年(2011) 五月

花開鐵樹太平年
壽福康寧祝願筵
忠孝傳家承舊俗
敬愛奉丈繼新牽
芝蘭繞砌世稱慶
琴瑟偕床天定緣
姻戚獻杯歌舞展
高堂和氣豈無延

쇠기둥에 꽃이 피는 태평연에,
수복강녕을 자리에서 축원을 하네。
충효전가로 옛 풍습을 이으시니,
경애봉장으로 새로 이끌어 이으셨네。
지란요체는 세상이 칭한 경사이고,
금슬해상은 하늘이 정한 연분이시네。
인척들 잔을 올려 가무로 펼쳐지니,
고당에 화기가 어찌 오래가지 않으리。

頌南溪丁相豪先生七旬

辛卯年(2011) 十二月

丁翁迎喜七旬年
遠近儒林祝賀筵
文筆高明名得振
芝蘭俊秀福兼連
偕情琴瑟千秋範
積善家門萬古全
鐵樹花開無極樂
寸心此慶久祈傳

남계 선생님이 기쁘게 칠순을 맞이하니
원근에 유림이 축하 하는 자리이네
문필에 고명하시니 이름을 얻어 떨치셨고,
어진자손 준수하니 복을 겸해 이으셨네.
뜻을 함께하신 금슬은 천추의 모범이고
선을 쌓은 가문에 만고가 온전하리라.
철수에 꽃이 피듯 끝없이 즐기시기
촌심으로 이 경사가 오래 전하길 기원합니다.

家門得長孫

戊子年(二〇〇八) 五月

望待長孫聽出生
家門和氣太山成
老父喜信明顏色
親弟歡迎慶事聲
天下英才千載寶
人中得意萬年榮
代承行列其名善
仁字添加世上呈

기다리고 바라던 장손 출생을 들으니、
가문에 화기가 태산 같이 이루었네、
부친께서는 기뻐하여 기쁜 소식에 안색이 밝으시고、
형제는 기뻐하여 경사의 소리로 맞이하네。
천하영재를 얻음은 천년의 보배요、
사람 중에 성취됨은 만년의 영화로다。
대를 잇는 항렬이 그 이름자는 선인데、
인자를 첨가해 仁善으로 세상에 드러내리。

祝 壽 (二)

戊子年(2008) 三月

高堂壽宴迓如春
鐵樹花開瑞色新
崇祖事親門閥赫
傳家孝友子孫仁
百年偕老定天慶
萬歲流芳稱世珍
姻戚獻杯無病禱
康寧五福願兼伸

고당에 수연을 봄같이 맞이하니,
쇠기둥에 꽃이 피어 서색이 새롭습니다.
조상을 숭상하고 어버이 섬겨 문벌에 밝으시니,
대대로 전하는 효도와 우애로 자손이 어질었네.
백년의 해로는 하늘이 정한 경사요,
만년을 전할 이름은 세상이 칭한 보배네.
인척은 잔을 드려 무병을 비오니,
강녕하시어 오복을 겸해 펼치시길 원하나이다.

祝 壽(二)

戊子年(2008) 三月

高堂和氣四時春
鐵樹花開瑞色新
先代承賢崇祖篤
子孫以孝事親仁
天緣結契千年約
世慶稱揚萬歲珍
歌舞斑衣祈五福
偕床琴瑟久安伸

고당에 화기가 사시사철 봄이라,
쇠 기둥에 꽃이 피어 서색이 새롭네。
선대에 어짊을 이어 조상 숭배에 도타우시니、
자손은 효로써 어버이 섬김에 어지네。
하늘의 인연으로 맺음은 천년의 약속이요、
세상 경사에 칭찬은 만년의 보배이네。
색동옷의 노래와 춤으로 오복을 비오니、
상을 같이한 금슬을 태평하게 펼치소서。

祝 壽 (三)

戊子年 (2008) 三月

福兼天命迓生辰
鐵樹花開瑞色新
今日微誠恩欲報
恒時大喜樂祈伸
百年偕老子孫願
永歲守家人世珍
歌舞高堂無病禱
康寧萬壽享如春

하늘의 명으로 복을 겸해 생신을 맞으시니,
쇠 기둥에 꽃이 피어 서색이 새롭습니다.
금일 작은 정성으로 은혜를 갚고자 하오나,
늘 큰 기쁨으로 즐거움을 펴시기를 빕니다.
백년의 해로를 아들 손자들은 바라 옵고,
무궁한 가문 지키심은 세상에 보배입니다.
고당에서 노래와 춤으로 무병을 비오니,
강건과 편안으로 만수를 봄같이 누리소서.

壽宴 468

祝 壽(四)

戊子年(二○○八) 三月

高堂壽宴迓如春
鐵樹花開瑞色新
崇祖事親門閥赫
傳家孝友子孫仁
百年偕老定天慶
萬歲流芳稱世珍
姻戚獻杯無病禱
康寧五福願兼伸

고당에 수연을 봄같이 맞이하니,
쇠 기둥에 꽃이 피어 서색이 새롭습니다.
조상을 숭상하고 어버이 섬겨 문벌에 밝으시니,
대대로 전하는 효도와 우애로 자손이 어질었네.
백년의 해로는 하늘이 정한 경사요,
만년을 전할 이름은 세상이 칭한 보배네.
인척은 잔을 드려 무병을 비오니,
강녕하시어 오복을 겸해 펼치시길 원하나이다.

幸福 / 135×35cm

追慕・輓詞

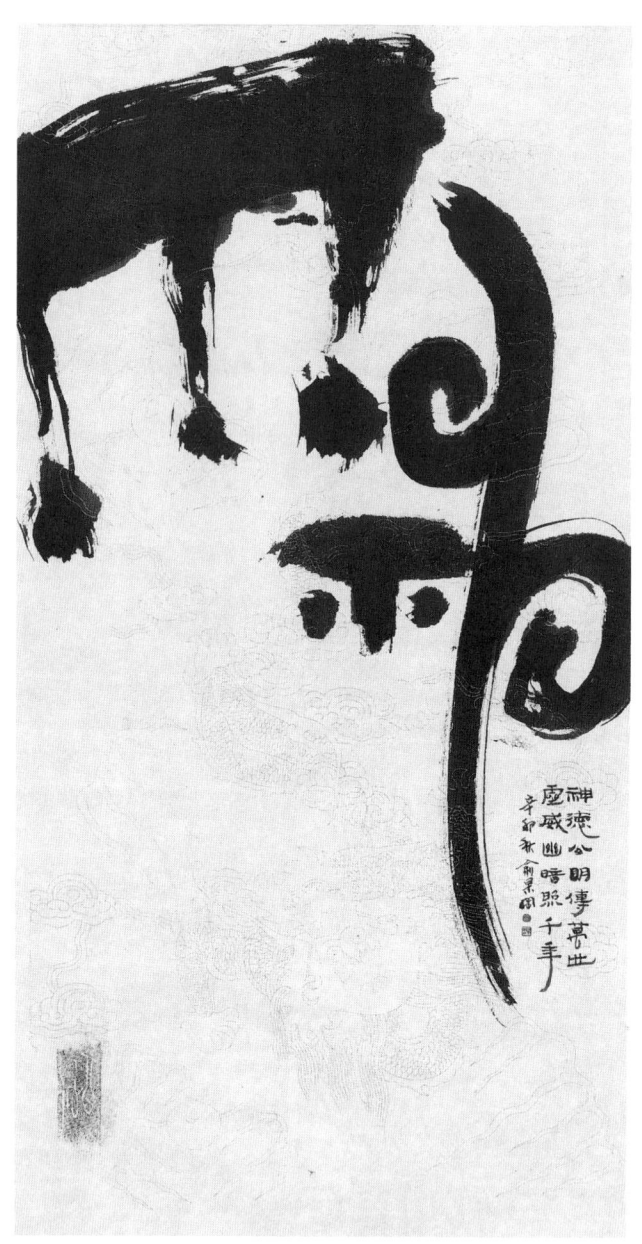

神靈 / 68×34cm

頌訥齋梁誠之先生追慕展 丙戌年(2006) 九月

大賢仁德奉行承
公募筆痕全國凝
孝敬五常東土赫
先生偉業萬人燈

대현의 어진덕 받들어 계승하니、
공모의 필흔이 전국에 어리네。
효경 오상이 동토에서 밝은데、
선생의 위업 만인의 등불이네。

頌素庵玄中和先生追慕

丙戌年(2006) 十二月

濟州華島素庵生
自愛詩文槿域明
覓句騷人從麗志
揮毫墨客慕其情
傳承古道良風起
紹述新書大業成
藝術功勳今世鑑
無邊四海振芳名

제주 화도에서 소암선생 태어나시니,
시문을 아끼는 마음 근역에서 밝으셨네.
글 구 찾는 시인은 아름다운 뜻을 쫓고,
휘호하는 묵객은 그 정을 사모하네.
고법을 전하여 아름다운 풍습 일으키시니,
새로운 글을 이어받아 대업을 이루셨네.
예술의 공훈이 지금의 거울이 되시니,
무변 사해에 꽃다운 이름 떨치셨네.

追慕 鶴山愼祐範先生十週忌　己丑年(2009) 四月

鶴翁道學海東明
教育揚名大業成
導訓平生匡是理
智承後進盡其誠
崇仁種德高賢士
尊禮修身得貴卿
弟子養眞千古鑑
彬彬偉績豈非榮

학산선생의 도학이 해동에서 밝으시니,
교육으로 이름 날려 대업을 이루셨네.
평생동안 가르치는 이 이치 바르시니,
지혜를 잇는 후진은 그 정성을 다하네.
인을 숭상하고 덕을 펴시니 높으신 선비요,
예를 높여 수신하시니 귀한 벼슬을 얻으셨네.
제자를 참되게 잘 기름은 천고의 거울이라,
찬란하고 훌륭한 공적 어찌 영화가 아니랴.

頌訥齋梁誠之先生　辛卯年(2011)九月

梁公道學四隣明
今昔儒林杲頌聲
節義忠貞千世範
詩文高雅萬年情
祠堂永慕無窮斗
竹帛長傳不朽名
功德宣揚呈藝術
大賢偉業盡承誠

늘재선생의 도학이 사린에서 밝으니,
예나 지금이나 유림의 칭송소리 높네.
절개와 의리 충정은 천년의 모범이고,
시와 문장의 고아함은 만년의 정이네.
사당에 오래 사무침은 무궁한 별이요,
죽백은 길이 전할 썩지 않는 이름이네.
공덕을 널리 펼쳐 예술로써 드러내니,
대현의 위대한 업적 정성 다해 이으리.

玄岩先生祖母輓詞　乙酉年(2005) 十月

鶴貌忘今曉
四隣落淚天
生前稱婦德
豈不永安天

학 같은 용모 금일 새벽에 잊으니,
온 천지에서 눈물이 떨어지네.
생전에 부덕을 칭송하는데,
어찌 하늘에서 편안하지 않으랴.

輓詞 兢齋先生慈堂　丁亥年(2007) 八月

今朝忘鶴貌
落淚四隣連
婦德高稱頌
往生極樂仙

오늘 아침 학모를 잃으시니、
낙누는 사린으로 이어지네。
부덕의 칭송소리 높으시니、
왕생극락 하시어 신선이 되소서。

挽金公明會外叔靈前　庚寅年(2010) 三月

今朝悲痛信
地慟天鳴驚
別淚衣祈濕
往生極樂享

금일 아침 비통한 소식에、
땅도 통곡하고 하늘도 놀라 울었네。
이별의 눈물 옷을 적셔 비오니、
극락에서 다시 태어나 누리소서。

輓詞金明會外叔靈前　庚寅年(2010) 三月

今朝落命信便驚
地慟天悲水自鳴
別淚子孫衣袖濕
往生極樂再祈享

금일 아침에 낙명 소식에 놀라、
하늘이 슬퍼하니 땅도 통곡하고 물도 우네。
자손들 이별의 눈물 옷소매를 적셔、
극락왕생 하시어 다시 누리시길 빕니다。

挽如初金膺顯先生靈前　丙戌年(2006) 十二月

樞星落夜槿邦驚
地慟天悲水亦鳴
別淚文徒衣袖濕
哀心墨客輓章呈
傳承古法千秋振
成養英才萬歲耕
書界功勳今世鑑
堂堂大義後人賡

으뜸별 밤에 떨어져 온 나라가 놀라니,
땅은 통곡하고 하늘도 슬퍼하고 물도 우네.
제자들 이별눈물로 옷소매를 적시니,
묵객의 애심은 만장으로 드러냈네.
옛 법의 전승으로 천년을 떨치시니,
영재 양성은 만년을 육성하시네.
서예계의 공훈은 지금의 거울이시니,
대업의 당당함을 후인은 이어 가리.

挽農山鄭充洛先生　庚寅年(2010) 十月

樞星落早海東驚
地慟天悲水亦鳴
別淚騷人衣袖濕
哀心墨客輓詞呈
玉章萬首賦詩遺
竹冊千年奉世賡
書界功勳無限鑑
往生極樂享光榮

으뜸별 새벽에 떨어져 해동이 놀라니,
땅은 통곡하고 하늘도 슬퍼하고 물도 우네.
소인들 이별눈물로 옷소매를 적시니,
묵객의 슬픈마음 만사로 드러냈네。
옥같은 문장 만수를 지어 남기시니,
죽책을 천년 세인들 받들어 이으리。
서예계의 공훈은 끝없는 거울이시니,
극락에서 왕생하시어 광영을 누리소서。

呆岡俞炳利回甲展感懷

我田甲辰有感

首聯　風樹無成迂甲辰
　　　양친께 효도로 못하고 회갑을 맞이하며
　　　光陰虛送乃羞猒
　　　허송세월 보내니 이에 부끄럽기 그지없네

領聯　華痕展示兆能恐
　　　필흔의 전시는 무는 항상 두렵고
　　　詩韻題吟有憾連
　　　시운을 지어읊으니 슬픔만 이어지네

頸聯　淺識專心勞好學
　　　천식으로 마음을 오로지 호학에 힘썼고
　　　罷才盡力欽隨賢
　　　비재로 힘다해 어짊을 따르고자 했네

尾聯　每緣四友爲淸福
　　　늘 문방사우의 인연으로 청복을 삼아
　　　立志殫誠永遠傳
　　　뜻을 세워 정성다해 길이길이 전하리

壬辰元旦果岡愈利恩吟

案 內 文

時維初冬

尊體錦安하심을 仰望하나이다. 小生이 回甲을 맞이하여 書藝展과 詩集을 發刊코저 하여 江湖諸賢께 玉句를 敢請하오니 無惜瓊章하시고 玉稿를 下送해 주시면 製冊送呈하겠습니다.

詩 題: 杲岡兪炳利回甲展感懷
押 韻: **年·然·連·賢·傳** (先字韻通)
磨 勘: 2011년 12월 末日까지 (기일 준수)
發 刊: 2012년 2월15일 (전시와 함께 發刊送呈합니다)
展 示: 2012년 2월15일 2월21일
家 族: 夫婦同床 · 一男 一女
姓 名: 兪炳利　雅號: 杲岡
出 生: 京畿道 驪州出生(壬辰年 正月15日)
　　　　宣祖時代 左議政을 지낸 杞溪人 忠穆公 諱 兪 泓의 14代孫
受 學: (漢文) 道岩 曺國煥先生師事
　　　　(書藝) 如初 金膺顯先生師事
　　　　(漢詩) KBS洌上詩社 · 成均館漢詩修練院 · 大韓漢詩學會

略 歷: 杲岡書藝學院30年運營. 韓國書藝協會招待作家 理事, 審査歷任.
　　　　韓國書刻協會招待作家副理事長, 審査歷任, 三淸詩社會長歷任.
　　　　九老書藝家協會長, 韓國書文會長, 辰墨會長, 個人展 5回
　　　　書藝團體審査數回, 書藝團體展示數回
會 員: 韓國漢詩協會, 大韓漢詩學會, 成均館漢詩修練院

投稿處: 152-092 서울시 구로구 개봉2동 403-141 3층(고강서예학원)
電 話: 011-476-4495　이메일: kg4495@naver.com
팩 스: 02)2682-9955 (팩스또는 이메일로 보내셔도무방함)
原 韻: 別 添

　　　　　　　　　　　　　　2011년　11월　일
　　　　　　　　　　　杲岡書藝學院長 兪炳利 拜

呆岡兪炳利回甲展感懷原韻

呆岡 兪炳利

風樹無成迓甲年
光陰虛送乃羞然
筆痕展示非能恐
詩韻題吟有憾連
淺識專心勞好學
菲才盡力欲隨賢
每緣四友爲淸福
立志殫誠永遠傳

양친께 효도도 못하고 회갑을 맞이하니,
세월 허송하니 이에 부끄럽기 그지없네。
필흔의 전시는 무능하여 항상 두렵고,
시운을 지어 읊으니 슬픔만 이어지네。
천식으로 마음은 오로지 호학에 힘썼고,
비재로 힘 다해 어짊을 따르고자 했네。
늘 무망사우의 인연으로 청복을 삼아、
뜻을 세워 정성 다해 길이길이 전하리。

次杲岡回甲展感懷韻

土偶 姜大熙

溫士今逢回甲年
紅顏半白氣浩然
修身研墨墨神撗
敬祖崇文文閥連
遠近親朋嘆筆勢
東西賀客頌心賢
光陰虛送乃羞莫
滿腹經書萬世傳

온화한 선비께서 회갑 년을 맞으셨으니、
반백 홍안에 호연지기 풍기는 구나。
수신하여 서예연마 먹의 세계 넓히시니、
경조하여 문을 숭상해 문벌을 이으셨네。
원근에 온 친구들은 필세에 감탄하고、
동서에서 오신 하객 심성이 어질다 칭송하네。
세월을 허송했다 부끄럽다 하지 마소서、
복중에 경서가 가득하니 만세에 전하리라。

電話 : 019-396-8958
136-839 서울시 성북구 장위2동 246-162

次杲岡回甲展感懷韻　丁木 姜世煥

龍翔雲起曙光年
回甲天常順理然
雄筆得名生動躍
吟詩覓句就閒連
學緣丁木效書法
教導杲岡如聖賢
技藝五能家族展
意望文蹟世間傳

임진년 용상기운에 날이 밝아오니,
회갑은 하늘의 순리이로다.
웅필로 득명하여 생동으로 약진하니,
글 구 찾아 시 읊어 한적하게 즐기시네.
정목은 학연으로 서법을 본받으니,
고강선생님의 교도는 성현과 같네.
기예에 오능으로 가족전을 펼치니,
뜻은 문의 흔적이 세간에 전하길 바랍니다.

電話 : 010-3380-0034　02-2676-6611
150-037 서울시 영등포구 당산동 121-163 버드나무길 15길 9

次杲岡回甲展感懷韻　　大林堂 高光桓

杲岡回甲到今年
五福綿綿不偶然
琴瑟溫情偕老久
芝蘭繞砌問安連
能文能筆稀雙士
無病無憂養健賢
遠近儒林詩以賀
兪門慶事永承傳

고강 옹 회갑을 금년에 이르니、
오복이 면면하니 우연이 아니네。
금슬이 온정하여 오래토록 해로하며、
자손들 요체하여 문안으로 이었네。
능문능필 함으로 둘도 드문 선비요、
무병 근심 없이 양건함에 어질었네。
원근에 유림께서 시로써 하례하며、
유씨 문벌 경사가 길이 이어 전하리。

電話 : 033-433-4231
250-835 강원도 홍천군 서석면 풍암1리 505의 5번지

489 杲岡兪炳利漢詩壬辰集

次杲岡回甲展感懷韻

錦坡 高柄德

瑞啓芳辰迓甲年
慶逢五福祝欽然
書痕鈕挫超凡秀
筆力淹留卓越連
德可敎家惟範碩
學能問世正模賢
前程大衍經綸富
斯界成功立志傳

서계방신으로 갑년을 맞이했으니、
경복의 축연을 흠연히 부러워라。
서흔은 육좌로 초범하여 빼어났고、
필력은 엄유로서 탁월하게 이었네。
덕은 가히 교가로서 크게 수범했고、
학능은 문세로 정히 현인을 수모했네。
전정에 대연으로 경륜이 부함으로서、
사계에 대성공하여 세상에 입지전을…

電話 : 019-548-2640 、 02-967-2640

136-817 서울시 성북구 석관동 112-12

杲岡兪炳利回甲展感懷 490

次杲岡回甲展感懷韻

竹齋 具滋弘

鐵樹花開重甲年
芝蘭獻壽至當然
杲岡藝學從前續
忠穆餘陰繼世連
振作詩書扶後進
闡明斯道頌先賢
諧調琴瑟子兼孝
德業興隆長久傳

철수에 꽃피는 회갑 년 돌아오니、
자녀들 헌수예절 지당 하도다。
고강의 빛나는 서예 학 종전 잇고、
선조 충목공의 음덕 세속을 잇고 이었도다。
시서를 진작하야 후학을 부조하고、
유도를 천명하고 선현을 칭송하네。
금실 좋은 내외 해로하고 자식 또한 효도하니、
고강 덕업 흥융하여 오래 전하리라。

電話 : 041-952-8126
325-882 충남 서천군 비인면 구복리 62

次杲岡回甲展感懷韻

南斗 權東奎

歲次壬辰迓甲年
杲岡種德福當然
賓朋滿座詩觴續
琴瑟同床舞曲連
盡力崇儒唯教學
殫誠敬祖欲隨賢
子孫獻壽家親拜
餘慶無窮百代傳

세차임진에 회갑 년을 맞이하니、
고강의 종덕으로 복 받음이 당연하네。
빈붕이 만좌해 시 읊으며 술잔이 이어지니、
부부가 해로하여 춤과 노래가 이어지네。
힘을 다해 유학을 숭상하고 오직 교학하니、
정성 다해 경조로 선현을 따르고자 함이네。
자손들 헌수로 가친께 절을 올리니、
여경은 끝없이 백대까지 전하여 지리라。

電話 : 010-8253-1259
472-862 경기도 남양주시 진접읍 내각리 325-13 강변하이츠빌 3동 401호

次杲岡回甲展感懷韻

東湖 權相穆

共賀斯翁迓甲年
滿堂和氣最怡然
每思正道心猶樂
篤守家規志自連
靜夜讀書開後學
淸晨運筆繼前賢
衛先報國咸稱讚
翰墨名聲亦廣傳

사옹의 갑년을 맞아 함께 축하하니、
집에 가득한 화기가 가장 기쁘네。
매양 정도로 사고하니 오히려 즐겁고、
가문의 규범 독실이 지켜 자연히 이었네。
고요한 밤 글 읽어 후학을 개화시켰고、
맑은 새벽 붓을 놀려 전현을 계승했네。
선조호위와 보국하니 모두 칭찬하는 속에、
문장과 글씨 이름나서 또한 넓게 전하리。

電話 : 011-9981-9391
100-411 서울시 중구 광희동 1가 39-1 용전빌딩 502호

次杲岡回甲展感懷韻

東河 權良植

祝延兪公六旬年
偕老南山福海然
筆紙揮毫春季展
詩歌咏律古今連
儒家素性隨仁士
書室丹心逐德賢
四友貞專何不效
繼承文化萬人傳

고강 선생의 육순을 축하하오니,
해로하고 남산과 같이 복해하소서。
필지 휘호를 봄날에 펼치니,
시가영률이 고금을 연하였네。
유가 소성은 인사를 따르니,
서실 단심은 덕현을 쫓았네。
사우 정정하시니 어찌 본받지 않으리,
문화를 계승하여 만인에게 전하소서。

電話 :: 010-5477-2465
137-753 서울시 서초구 방배동 우성아파트 104-1005

次杲岡回甲展感懷韻

篤亭 權宰典

華甲壬辰最喜年
泰回十五日輝然
京鄉賀軸筵中積
遠近嘉賓路上連
練院吟詩羨大衆
展場揮筆效先賢
蘭庭彈瑟祈淸福
餘慶無窮萬世傳

임진년 화갑 가장 기쁜 해,
정월 십오일 햇빛이 빛나는 군.
경향에 축하시축 자리에 쌓이고,
원근에 가빈이 길 위에 연했네.
연수원에 읊은 시는 대중에 선망이요,
전시장에 글씨는 선현을 본받았네.
난초 뜰에 비파 타며 청복을 비니,
남은 경사 무궁하여 만세에 전하겠네.

電話 : 02-2296-9579
133-772 서울시 성동구 응봉동275 신동아 아파트 3동 106호

次杲岡回甲展感懷韻

省菴 金教昌

文化彬彬回甲年
滿堂賀客總欣然
列前寶樹園中茂
偕瑟瑤琴床上連
敬長愛親誰不讚
修身安分熟非賢
儒風振起誠心大
藉藉稱聲遠近傳

문화 빈빈한 회갑년에、
만당에 오신 손님 다 기뻐하네。
앞에 가득한 보수는 동산에 무성하고、
비파 같이한 거문고는 상위에 연했네。
경장 애친하니 누가 칭찬하지 않으며、
몸을 닦고 안분한데 누군들 어질지 않으리。
선비바람 떨쳐 일어나니 성심이 커、
자자한 일컫는 소리 원근에 전하네。

電話 : 314-894 충남 공주시 유구읍 탑곡리 471
041-841-1551

次杲岡回甲展感懷韻　仙谷 金基憲

杲岡回甲到今年
華閥高門瑞氣然
孝友齊家行禮道
英才愛育後孫連
五常培種崇儒學
八德宣揚繼聖賢
頌祝佳詩無數逕
綿綿吉慶永相傳

고강회갑이 금년에 맞이하니,
세상에 부귀한 문벌 서기가 찬연하네.
가정에 효우와 예도를 행하고,
영재를 훈육하여 후손에 이어지네.
오상을 종식하여 유학을 숭상하니,
팔덕을 선양하여 성현을 이었네.
송축하는 아름다운 시 무수히 모이니,
좋은 경사가 영원히 이어 전하리.

電話 : 010-5421-5091
137-930 서울시 서초구 반포동 자이아파트 107동 2601호

次杲岡回甲展感懷韻

惠山 金東權

杲岡今迓六旬年　고강이 지금 육십년을 맞이하니、
好古精神一貫然　호고한 정신을 일관 연하고。
琴瑟瑤音佳興起　금실이 요음하여 아름다운 흥이 일고、
鳳麟孝道美風連　자손은 효도하니 미풍을 이었네。
筆才出衆冠儒士　필재가 출중하여 선비의 관을 하니、
詠枝超群效聖賢　영지의 초군은 성현을 본받았네。
翰墨生涯詩賦樂　한묵 생애에 시부를 즐기니、
賓朋祝賀永相傳　빈붕이 축하하니 서로가 길이 전하네。

電話 : 010-8716-8058
130-836 서울시 동대문구 장안2동 128-8

杲岡兪炳利回甲展感懷　498

次呆岡回甲展感懷韻

彦秀 金東洙

呆翁甲展盛開年
遠近詞林共賀然
案上希求揮筆振
門前殺到讚詩連
斯文繼述眞知士
吾道宣揚可謂賢
四友佳緣於此盡
雲煙妙法永相傳

고강옹의 회갑전시 성개하는 해요、
원근의 사림들 함께 하례 하도다。
안상에 희구하니 휘필을 떨치었고、
문전에 쇄도하니 찬시가 연했네。
사문을 계슬하니 진지한 선비요、
오도를 선양하니 가위 어질도다。
사우의 가연 이로써 진력하니、
운연의 묘한 법 길이길이 전하리。

電話‥054-852-3566
760-260 경북 안동시 안기동 안기2길 43호

次杲岡回甲展感懷韻

龍溪 金斗顯

壽富康寧六十年
崇仁尙禮古人然
洛閩脈絡千秋續
鄒魯淵源萬世連
培養門徒開後進
沈潛理學效前賢
芝蘭滿砌杲岡福
雄筆名文邦國傳

수부강녕으로 육십년이오,
숭인 상례하니 옛사람 같아라。
정주학 맥락은 천추에 이어지고,
공맹 연원이 만세에 이어지네。
배양 문도하니 후진에게 학문 열어주고,
침잠 이학하여 전현을 본받았네。
자손들 섬돌에 가득하니 고장의 복이라,
웅필 명문을 방국에 전하리라。

電話∷054-857-1634
760-140 경북 안동시 신안동 금탑아파트 101동 103호

次杲岡回甲展感懷韻

秀峰 金秉奎

開宴杲岡還甲年　　회갑의 나이를 맞아 고강선생 잔치를 여니、
千賓萬客祝延然　　수많은 손님들이 수연을 축하하네。
芝蘭繞砌淸香滿　　자손들 뜰에 가득하니 영예도 가득하고、
琴瑟偕床吉運連　　금슬 좋게 함께하시니 길운으로 이어지네。
翰墨詩文能俊士　　서화와 시문에 능통한 높은 선비라、
禮儀道德亦英賢　　예의와 도덕 또한 뛰어난 사람이네。
展觀傑作名聲振　　펼쳐 보이는 걸작은 널리 이름 떨치니、
餘慶津津永有傳　　가득하고 진진한 경사 영원히 전해지리라。

390-898 충북 제천시 용두천로 173 (청전동 164-5)
電話 : 010-3919-6497

次杲岡回甲展感懷韻

虛舟 金炳仁

雅士僖逢六十年
康寧富貴舊依然
能文達筆榮名振
翰墨雄詩樂志連
正確審査人頌德
頻開展示世稱賢
邇遐韻客相爭祝
兪老譽聲永久傳

아사가 기쁨으로 회갑을 맞이하여、
강녕부귀가 옛것에 의지하였네。
능문 달필로 영명을 떨치고、
한묵 웅시 뜻을 즐겁게 연하였네。
정확한 심사는 사람마다 칭송하고、
자주 전시를 개최에 세상에 어질다고 칭찬하네。
멀고 가까운 시객들이 서로 다투어 축하하고、
유노인 예성이 영구히 전하기를。

電話 : 010-2657-4830
134-864 서울시 강동구 천호동 167-153

次杲岡回甲展感懷韻

茂松 金容吉

南極星輝晬甲年
人間五福燦怡然
善人餘慶遺風續
忠孝精神瑞氣連
道德磋磨開後進
綱倫守護效前賢
杲岡業績長留積
琴瑟偕床永遠傳

남극성이 회갑을 밝게 비추니、
인간 오복이 찬란하고 기쁘시네。
선인의 여경으로 유풍이 이어지니、
충효정신이 상서롭게 이어지네。
도덕을 절차탁마하여 후진을 여니、
삼륜을 수호하여 전현을 본받으셨네。
고강의 업적이 길이길이 머물고 쌓여、
금슬해상이 영원히 전하리라。

電話 :: 016-641-7315
540-130 전남 순천시 수박등 3길 38 (생목동 34-15)

次杲岡回甲展感懷韻

槿叡 金柳延

北海潛龍出現年
兪公弧宴設欣然
兒孫獻壽案頭坐
彦士祝詩堂下連
門閥名譽由祖德
家庭和睦有妻賢
鳴琴彩舞呈祥裏
富福兼全代代傳

북해에 잠룡이 출현하는 해、
유공께서 생일잔치 흔연히 진설했네。
헌주하는 아손은 상 앞에 앉았고、
축하하는 선비 당 아래 연하였네。
문벌의 명예로움은 조상의 은덕이요、
가정 화목함은 어진 아내가 있네。
거문고 소리 채무가 상서로운 속에、
부와 복 온전히 겸해 대대로 전해지리。

電話 : 010-2401-3017
138-087 서울시 송파구 가락2동 127-4 3층 301호

次杲岡回甲展感懷韻

雨仟 金仁壽

鐵樹花開迓慶年
墨痕展示頌當然
芝蘭繞砌幽香起
琴瑟偕床瑞氣連
筆法靈通勖後學
文章卓越擬前賢
彬彬德行承先朝
必是名聲萬世傳

철수 꽃이 피는 행복한 해를 맞이하여、
묵흔 전시에 칭송함이 당연하네。
지란이 에워싼 섬돌에 그윽한 향기 일고、
금슬이 함께한 상에 서기가 이어지네。
영통한 필법으로 후학에 애쓰고、
탁월한 문장은 예전에 현인을 본뜸일세。
빈빈한 덕과 행실은 조상을 계승했으니、
필시 명성이 한없는 세월에 전해지리라。

電話：010-8718-4422
480-824 경기도 의정부시 녹양동 83-36 伐夏書藝學院

次杲岡回甲展感懷韻

松岡 金在國

杲岡華甲迓辰年
萬壽無疆禱旺然
雄筆玄池盤龍動
高朋滿座祝杯連
偕和琴瑟心嗰樂
彩舞庭蘭友愛賢
地遠人親情與義
初看寸楮訟詩傳

고강선생 화갑을 임진년 정초에 맞게 되었으니、
만수무강을 왕연하게 지내시길 빌었도다。
웅필휘지의 자획은 반용이 생동하듯 하고、
가회에서 맺은 고붕 만좌해 축배가 연하였도다。
내외 좋은 금슬 항상 화평하고 즐거우시며、
어여쁜 자손 우애하는 모습 참으로 어질도다。
지리적으로 멀지만 인친의 정은 의리 때문이기에、
처음 보는 촌저가 이송축의 시를 보내도다。

電話 : 010-5568-9832
339-8831 충남 연기군 금남면 금천리1구 299-1

次杲岡回甲展感懷韻

月雅 金在德

詩賀杲岡迓甲年
無窮學藝尚依然
咏風鳴鳳祥光溢
揮筆飛龍瑞氣連
黃卷七書遺古聖
文房四友到今賢
翰墨研磨師表裏
宣揚名譽永承傳

시로 고강선생 갑년 맞음을 축하드리며、
무궁한 학문과 예능이 오히려 의연하네。
풍월 읊으니 명봉에 상서로운 빛 넘치고、
붓을 휘두르니 나는 용이 서기를 이었네。
황권의 사서삼경은 옛 성현의 끼침이요、
문방사우는 금세의 현철에 이르렀네。
붓과 먹을 갈고 닦아 세인의 모범 속에、
명예를 선양하여 길이 이어 전하리。

電話 : 043-832-2372
367-805 충북 괴산군 괴산읍 동부리 3주 614-1번지

次杲岡回甲展感懷韻

栖山 金正國

學到不疑耳順年
正義實行至浩然
書效名家臻極致
詩與李白格同連
教鑽相長見聞深
法古創新隨聖賢
能通研墨江湖知
祈願德聲永遠傳

학문에 의심 없는 경지에 육십의 나이를 맞이하니、
정의 실천이 호연지기에 이르렀네。
글씨는 명가를 본받아 극치에 이르렀고、
시는 이백과 같이 품격이 연하였다。
교찬이 상장하여 견문이 깊고、
법고창신으로 성현을 따랐네。
능통한 글씨는 강호에 슬기롭게 알려졌고、
덕망의 명성이 영원토록 전해지길 기원하네。

電話 ::041-546-5867
336-751 충남 아산시 모종동 576-1 한라동백아파트 103동 1613호

次杲岡回甲展感懷韻

竹齋 金鍾洛

兪翁回甲迓今年
遠近詞林頌壽然
書筆專心功積大
能文盡力偉名連
偕床琴瑟如仙客
滿安詩經學聖賢
鳳子麟孫歌舞裏
騷朋慶賀祝情傳

유옹이 금년에 회갑을 맞이하니、
원근에 사림이 모두 수를 칭송하네。
서필을 전심한 공이 지대하고、
능문 진력으로 위명이 이어졌네。
금슬 좋고 해상하니 선객이니、
많은 책 통독하니 성현을 배우셨네。
자손들 가무로 축수하는 속에、
여러 벗 축시로 정을 전하네。

電話：043-232-1203
361-801 충북 청주시 흥덕구 가경동 1336번지

次杲岡回甲展感懷韻

溪巖 金眞熙

杲岡回甲迓今年
書藝文章闡燦然
琴瑟偕床祥氣盛
芝蘭繞砌瑞光連
修身施德應多頌
積善行仁效大賢
遠近親朋雲集處
滿場展品祝詩傳

고강의 회갑이 금년 맞이하니,
서예 시문이 찬연하게 드러나네。
부부가 해상하니 상기가 성하고,
자식들이 요체하니 서광이 연하네。
수신하고 시덕하니 많은 칭송이오,
적선하고 행인하여 대현을 본받았네。
원근의 친붕들이 운집하는 곳에,
만장이 전품하여 축시로 전하네。

電話∶053-565-3388
703-751 대구시 서구 내당4동 광장타운 202-308

杲岡兪炳利回甲展感懷

次杲岡回甲展感懷韻

默軒 金靖斗

壽福康寧六十年
隣人積善設多然
壎篪同樂怡諸族
孝友齊家羨切連
夫婦偕居增倍愛
誠侍子孫感懷賢
添頭白髮空猪我
月喜餘生快後傳

학수 복이 강녕하기를 평생을 원하옵고、
이웃 사람들께 선을 쌓아 많이 베풀었고、
훈지동락으로 모든 가족이 화하게 되고
시효우제가 가 부럽게 간절히 이어가라.
부부함께 사는 것이 애정을 배로 더하시고、
자손이 정성으로 모시니 감회가 어질도다。
머리에 백발이 더 하니 공연히 나의 세월이 같고、
여생의 세월을 기쁘고 상쾌하게 후손에게 전하소서.

電話 : 010-4610-9886
540-970 전남 순천시 풍덕동 868-14번지

次杲岡回甲展感懷韻

青湖 金泰元

杲翁穩享迓華年
多士爭參乃自然
床上瑤琴和樂奏
庭前寶樹滿盈連
崇儒敬禮承先業
溫故知新效古賢
南極星光長照處
以文會友永遺傳

고강 화갑을 평온하게 맞이하니、
많은 선비가 자연스럽게 다투어 참여했네.
마루위에 옥 거문고는 좋은 음악을 알리고
정원 앞에 보수는 가득히 이어졌네.
숭유경예에 선업을 이었고、
온고지신으로 고현을 본받았도다.
남극에 별빛이 멀리 비치는 곳에
글로써 모인친구 길이 전함이 있으리라.

電話 : 017-850-8315
100-808 서울시 중구 만리동 1가 53-8 경주김씨회관 302호

次杲岡回甲展感懷韻

清雲 金宅春

謹賀由來六十年
老人星照壽依然
龍飛筆跡風雲調
虎號聲容氣峽連
處事精微望大聖
操身圓滿近良賢
令公古甲無量感
養德爲之後世傳

삼가 유래한 육십년을 축하하니、
노인성이 비추니 수가 의연하도다。
용이 날고 필적은 풍운같이 고르고、
범이 소리 지르듯 성용이 기맥을 이었네。
처사의 정미는 대성을 라 보고
몸 부리기는 원만하여 양현에 가깝네。
영공에 고갑에 있어 무량한 느낌은
양덕을 위하여 후세에 전하리로다。

電話 : 010-4606-4686
462-803 경기도 성남시 중원구 금광2동 3084 동보하이빌 201호

次杲岡回甲展感懷韻

素剛 金弘洙

鐵樹花開六一年
康寧仁壽瑞尤然
詠詩雅趣悠悠樂
華閥青氈代代連
自適林泉溫後學
耽遊翰墨繼先賢
麟孫鳳子趨庭理
積德兪翁慶事傳

철수에 꽃피는 회갑 되는 해에,
강녕하고 인수는 서광이 더욱 찬연하네.
시를 읊는 취미는 오래도록 즐기니,
빛난 벌족 청전은 대대로 이어질 것이네.
좋은 곳에서 자적하며 후학에게 익히고,
한묵에 즐겨 노니 선현을 이었네.
인손 봉자가 추정하는 속에、
고 강께서 적덕하니 경사가 이어질 것이다。

電話∙∙ 02-918-6468
136-748 서울시 성북구 하월곡1동 225 삼성래미안 월곡아파트 101동 402호

次杲岡回甲展感懷韻

星明 金洪義

設院杲岡當甲年
平生筆句學昭然
屢回展示審查歷
各會書文優位連
和氣床前琴瑟樂
斑衣庭下子孫賢
杞溪古宅英才出
詩畫揚名後世傳

학원을 설립한 고강이 회갑을 맞이하니、
평생 서예와 한시 배움으로 소연하였네。
여러 차례 전시、심사 역임하니、
서문회와 각 회에 회장으로 연하였네。
상전에 화기 넘치는 부부는 즐겁고、
색동옷 뜰아래 자손들 어지네。
기계 유씨집에 영재가 출생하니、
시와 서화로 이름 날려 후세에 전하리。

電話 : 043-833-4306
367-912 충북 괴산군 불정면 웅동리 171

次杲岡回甲展感懷韻

圃泉 金禧東

世誼綿綿四百年
賀詩請到答欣然
君家累代儒宗擅
我祖三淵學脈連
聞得杲岡詩翰壯
深羞圃老草芥賢
回辰所謂人生半
從此榮光後日傳

세의가 계속 이어진 것이 사백년이니,
축하시 청하는 글이 오니 기쁘게 답하도다.
그대 집 여러 대에 유교의 종가를 마음대로 하니,
우리 선조 삼연과도 학맥이 연하였도다.
듣자니 고강은 시와 글씨가 대단하다는데,
나는 어진 것이 초개처럼 보잘것없어 매우 부끄럽소.
회갑 생신은 소위 인생에 반인데
앞으로 누리는 많은 영광을 후일까지 전하게나.

電話 : 02-3673-0650
110-320 서울시 종로구 낙원동 종로오피스텔 811호

杲岡兪炳利回甲展感懷

次杲岡回甲展感懷韻

清溪 南圭鳳

杲岡六十迓今年
雅士康榮福自然
暢達文明家業繼
專承理學塾堂連
施仁獨特修身篤
積德平生處世賢
祝福儒林詩賦詠
綿綿餘慶日尤傳

고강선생 육십을 금년에 맞이하니、
풍아한 선비로 강녕하시니 자연에 복이로다。
창달 문명은 가업으로 이어지고、
전승한 이학은 숙당으로 이었도다。
인을 베풀고 독특하시니 수신이 돈독하니、
적덕으로 평생 함에 처세가 어질도다。
축하하는 유림은 시부를 읊으니、
면면한 여경은 날로 더욱 전하도다。

電話 : 011-298-6826
136-868 서울시 성북구 하월곡 1동 2222번지 두산아파트 101동 1307호

次杲岡回甲展感懷韻

青岩 南基植

杲岡會長六旬年
富貴康榮順自然
意志謙廉賓友效
書堂熟讀士風連
施仁積德家庭睦
祥瑞高門子女賢
琴瑟同床筵慶事
功名赫赫繼承傳

고강회장님 육순 년이시니、
부귀 강녕이 자연의 순리로다。
의지 겸렴하시니 빈우들이 본받고、
서당숙독하시니 사풍을 이었네。
시인 적덕하시니 가정이 화목하고、
상서 고문에 자녀들 어질도다。
금슬동상하시니 경사스런 자리요、
공명이 혁혁하니 계승이 전하도다。

電話 : 011-630-3980
139-804 서울시 노원구 공릉2동 두산힐스빌 아파트 106동 404호

次杲岡回甲展感懷韻

蘇亭 南炳權

六十平生積善年
滿堂和睦最于然
芝蘭彩舞精誠篤
琴瑟康榮福祿連
振作斯文模後進
尊崇禮義效先賢
杲岡學問名聲頌
騷客瓊章永世傳

육십 평생을 적선의 해이시니、
만당 화목이 최고로다。
지란채무가 정성이 도탑고、
금슬 강녕이 복록을 이으셨네。
사문진작으로 후진에 모범이요、
예의 존중은 선현을 본받았네。
고강선생 학문은 명성이 칭송이요、
소객 경장이 영세토록 전하도다。

電話∷02-2241-4243
130-758 서울시 동대문구 답십리 4동 10 동아아파트 102동 1202호

次杲岡回甲展感懷韻

青潭 南秉一

施仁積德六旬年
祖武宣揚順自然
禮道敦修宗族睦
彞倫行實子孫連
芝蘭滿室精誠孝
賓客盈堂意志賢
遠近騷人爭祝賀
芳名百代永長傳

시인 적덕이 육순이니,
조무선양이 자연의 순리로다.
예도 돈수하니 종족이 화목하고,
이륜행실은 자손이 이었도다.
지란만실에 정성으로 효도하니,
빈객이 영당하니 의지가 현명하네.
원근에 소인이 다투어 축하하니,
방명은 백대로 영원한 전하리라.

電話 :: 010-5189-9085
411-320 경기도 고양시 일산서구 탄현동 에이스10차 아파트 103동 170호

杲岡兪炳利回甲展感懷 520

次杲岡回甲展感懷韻

林山 南相修

餘慶盈門六十年
仙風雅士正巍然
芝蘭至孝無窮續
琴瑟同床不老連
和睦堂中夫婦樂
團欒膝下子孫賢
杲岡壽福康榮繼
祝賀瓊章永世傳

여경이 문에 가득 육십년 세월이니、
선풍 아사이신 뛰어난 선비로다。
지란 지효는 무궁히 이어지니、
금슬동상이 불노로 이어지네。
화목 당중에 부부가 즐거우니、
단란 슬하에 자손은 어지네。
고강선생 수복강녕이 계속되길、
축하의 좋은 글 영세로 전하네。

790-861 경북 포항시 남구 해도2동 91-4번지
電話 ‥ 011-819-6920

次杲岡回甲展感懷韻

松岩 南碩祐

杲岡碩學六旬年
正道平生士浩然
禮度能通敦篤守
儒風振作繼承連
心常孝悌崇先祖
性自施仁訓聖賢
福祿無窮開後世
高文慶日永長傳

고강석학이 육순이시니,
정도로 평생 살아오신 큰 선비로다.
예도에 능통하니 돈독함을 지키시고,
유풍 진작하니 계승으로 이어지셨네.
마음은 항상 효제하니 선조를 숭상하고,
성품이 관인하여 성현을 배우도다.
복록은 무궁하여 후세를 열었으니,
고문 경일은 영원길이 전하리라.

電話 : 011-802-9053
767-800 경북 울진군 울진읍 읍내리 287-2

次杲岡回甲展感懷韻

松巖 南星箕

杲岡壽福六旬年
和睦家庭士浩然
稟性仔詳儀訓守
文風出衆德望連
子孫孝道能承順
夫婦施仁豈不賢
遠近佳賓詩詠頌
瓊章祝賀永長傳

고강선생 수복이 육순 년이시니、
화목한 가장에 큰 선비로다。
품성이 자상하고 의훈을 지키시니、
문풍은 출중하고 덕망이 이어졌네。
자손이 효도하니 항상 승순하고、
부부 시인하시니 어찌 현명하지 않으리。
원근에 가빈은 시로써 칭송하고、
좋은 글 지어 축하하니 오래 전하리라。

電話 : 054-782-9647
767-892 경북 울진군 북면 사계리

次杲岡回甲展感懷韻

竹山 南仁修

正常雅士六旬年
命必由仁豈偶然
身致康寧夫婦續
家承孝友子孫連
禮儀繼述王祥效
聖訓隨從孟母賢
琴瑟和音騷客仰
芳名懿跡永長傳

바르고 떳떳하신 선비께서 육순이시니,
어짊으로 명이 어찌 우연 이리요.
몸이 강녕하시니 부부 함께 이어가며,
가승 승우는 자손으로 이어졌네.
예의 계술은 왕상에 본받음이요,
성훈 가르침을 따르니 맹모의 어짊이네.
금슬화음으로 소객이 앙시하니,
방명 의적은 영원히 길이 전하리라.

790-192 경북 포항시 남구 해도2동 50-6번지
電話 : 054-272-5929

次杲岡回甲展感懷韻

白樵 南仲洙

杲岡積德六旬年
琴瑟同床士浩然
崇祖遺風家訓繼
儒林賀禮賦詩連
斯文振作研墳典
吾道宣揚學聖賢
滿座瓊章爭祝壽
無窮福祿永長傳

고강선생 적덕으로 육순년 맞이하니,
금슬동상 하시고 마음 넓은 선비로다.
숭조유풍은 가훈으로 이어지니,
유림은 하례하니 시부로 이어지네.
사문진작하시니 분전을 연구하고,
오도 선양함에 성현을 배움이로다.
자리가득 좋은 글 지어 다투어 축수하니,
무궁한 복록은 길이 전하리라.

電話 : 010-4561-6554
139-950 서울시 노원구 월계1동 대동아파트 102-904

次杲岡回甲展感懷韻

清江 南鎭修

平生積善六旬年
壽福康寧士浩然
花樹敦情崇祖守
儒風良俗德門連
文章博學遵先聖
正道修身效古賢
富貴榮華餘慶赫
名聲後世繼承傳

평생 적선으로 육순을 맞이하니,
수복강녕하여 큰 선비시도다.
화수 돈정으로 승조를 지키시니,
유풍양속으로 덕문을 이어지도다.
문장 박학은 선성을 쫓으시고,
정도로 수신하니 고현을 본받으셨도다.
부귀영화로 여경이 빛나니,
명성은 후세에 계승하여 전하도다.

電話 : 011-9506-8009
445-360 경기도 화성시 병점1동 주공A9단지 908-1406호

次杲岡回甲展感懷韻 亭岩 南泰亨

杲岡碩士六旬年
積善康寧福祿然
處世謙廉良俗守
治家勤儉美風連
文章道德遵君子
孝友修齊學聖賢
華閥名聲熙永遠
綿綿慶日繼承傳

고강선생 석사께서 육순 년이시니,
적선하시고 강녕하시니 복록이로다。
처세가 겸염하시고 양속을 지키시니,
치가근검으로 미풍을 이었도다。
문장 도덕은 군자를 쫓으시고,
효우수제는 성현에 배움이로다。
화벌명성은 영원히 빛나니,
면면경일이 계승에 전함이로다。

電話 : 010-3524-2989
767-801 경북 울진군 울진읍 읍내1리 76-7번지

次杲岡回甲展感懷韻

裸木 南必熙

布德施仁六十年
芳名積善繼承然
誠心子女彝倫守
崇祖家庭正道連
雅士宣揚開後學
高門振作效先賢
杲岡壽福康榮宅
慶祝瓊章永世傳

포덕 시인이 육십년이시니、
방명 적선이 계승이도다。
성심 자녀는 이륜을 지키시고、
숭조가정에 정도로 이어가도다。
아사선양하시니 후학을 여시니、
고문진작은 선현을 본받았도다。
고강선생은 수복 강영의 집이라、
경축에 경장이 영세토록 전하리。

電話 : 010-5311-4093
706-841 대구광역시 수성구 지산동 960-18

次杲岡回甲展感懷韻　厚岩 南 渾

杲岡積善六旬年
慶日華堂氣燦然
仁義情神門閥守
學文道德禮儀連
修身篤實超群性
雅士清廉出衆賢
琴瑟多情儒者賀
芳名後世永長傳

고강선생의 적선이 육순 년이시니,
경일이 집안에 가득하니 화기가 찬연하네。
인의정신으로 문벌을 지키시고,
학문도덕은 예의로 이었네。
수신이 독실하니 뛰어난 성품이요,
풍아한 선비 청렴하니 출중한 선비이네。
금슬 좋고 다정하니 선비들이 하례하고,
꽃다운 이름 후세에 영원이 길이 전하리라。

電話 : 019-241-8680
135-986 서울시 마포구 신공덕동 155 삼성1차아파트 105동 903호

次杲岡回甲展感懷韻

翠堂 盧載九

天照文星六十年
杲翁才智羨超然
請招祝慶來賓滿
展示爲誇作品連
壓軸詞章揚筆力
修身氣概達名賢
獨蒙壽福興家勢
學院餘痕赫世傳

하늘 예문성이 육십년을 비추고,
고옹의 재지가 초연함을 부러워하네.
청축하야 경축하는 내빈은 가득하고,
전시하야 자랑하는 작품이 연하였네.
압축사장에 필력이 드날리고,
수신한 기개는 명현에 달하였네.
수복을 독몽하야 가세는 흥하고,
학원의 여흔이 대대로 전하여 빛나리라.

142-807 서울시 강북구 미아동 258-88 지하 1호
電話 : 02-984-6457

次杲岡回甲展感懷韻

玉壽 羅龍姬

回甲兪翁學大年
修齊事業樂娛然
琴瑟偕楊和風起
鳳舞家庭瑞日連
書藝承來千歲赫
文章鳴世萬人賢
爲君供祝諸民喜
勸酌良朋慰繼傳

육십 회갑 유옹은 학업 대성하는 해이고、
수신제가로 사업을 즐기시네。
금슬이 해로하니 화풍이 일고、
봉이 춤추니 가정에 상서일 잇네。
서예를 이으니 천세가 밝고、
문장이 세상을 울리니 만인이 어지네。
그대를 위해 공축하니 모든 사람 기쁘고
술 권하는 좋은 벗들 위로가 이어지네。

電話∴061-362-5175
516-911 전남 곡성군 옥과면 옥과리 192

次杲岡回甲展感懷韻

智巖 柳東烈

杲岡回甲迓當年
偕老鴛鴦健在然
獻酒斑衣歌舞展
祝詩玉案邐迤連
研磨墨海粧新句
貪讀經書效古賢
五福兼全餘暇樂
龍飛虎走筆名傳

고강 선생 회갑을 금년에 맞이함에
부부가 해로하시며 건재 하시리。
자손들 가무를 펼쳐 잔을 드리고、
옥안에는 원근에서 시를 지어 축하하네。
서예를 연마하여 새로운 글귀 꾸며내고、
경서를 탐독하여 고현을 본받네。
오복을 겸전하고 여기를 즐기시며、
용과 범같이 붓과 이름을 떨치리。

143-775 서울시 광진구 자양3동 789 현대아파트 801-1503호
電話 : 010-5011-9460

次杲岡回甲展感懷韻

竹史 柳壽洛

钁鑠杲岡回甲年
仙風道骨尚依然
芝蘭繞砌千秋茂
琴瑟偕床百歲連
書藝院營開後進
漢詩壇入效前賢
邇遐韻士爭吟祝
餘慶綿綿後裔傳

고강이 원기 왕성하게 회갑을 맞이하니,
신선풍모와 도인 골격으로 항상 의연하네.
자식이 빙 두르니 오래 무성하니,
금슬이 함께한 밥상이 백세를 이어지리.
서예학원 운영하여 후진을 열어주니,
한시 단에 입성하여 전현을 본받았네.
멀고 가까운 운사들 축시를 읊어 다투니,
남은 경사 오래오래 후손에 전해지리.

電話 : 053-742-3374
706-804 대구시 수성구 만촌1동 444-33

次杲岡回甲展韻

晴園 柳寅會

杲岡正值晬辰年
寶樹兩枝彩舞然
鄉貫杞溪山共重
祖先忠穆水流連
佳緣琴瑟宜偕老
模範書家學古賢
翁宅無疆餘慶在
子承孫繼永而傳

고강이 마침내 회갑 해를 맞이하니,
아들 딸 기뻐서 춤을 추는구나.
본관이 기계 유씨라 산과 같이 높고,
조상이 충목공으로 이으니 물 흐르듯 이었네.
좋은 연분의 금슬이 한 평생 해로하고,
본받을 서예와 서예경영으로 고현을 배워가네.
옹에 댁에 끝없이 좋은 일만 남아 있으니,
아들이 잇고 손자가 이어 영원토록 전해지리라.

電話:: 061-472-8822
526-812 전남 영암군 신북면 월평리 177

次杲岡回甲展感懷韻

白巖 孟馥在

於焉白髮思經年
壽宴先生羨自然
所聞名聲雄筆傑
謙虛稟性漢詩連
因緣祖上相逢樂
夢中憧憬對面賢
器宇研磨前兆感
佳篇妙手後光傳

어느덧 백발이 되어 지난날을 생각하니,
고강 선생의 회갑자리 자연히 부럽네.
소문대로 명성 있는 잘 쓴 글씨 뛰어나고,
겸손하게 몸을 낮추는 품성 한시로 이었네.
조상부터의 인연으로 서로 만나 즐겁고,
꿈속에서 그리던 어진 스승 만난 듯하네.
타고난 기품을 갈고닦으니 좋은 징조요,
훌륭하고 훌륭한 솜씨 빛 되어 전해지리라.

336-040 충남 아산시 모종동 432-1번지
電話 : 011-422-1193

次杲岡回甲展感懷韻

兩白堂 文相鎬

華甲重回六一年
杲翁康健自天然
嘉賓勝友停車滿
諸子群孫獻壽連
道義彬彬崇祖德
文章繼繼慕先賢
和堂此設眞稀慶
祇願高門世相傳

화갑이 거듭 육십 일년이 돌아오니、
고창의 건강은 천연의 정기 받았네。
가빈 승우는 차댈 때 없이 꽉 차고、
제자 군손은 헌수가 연하였네。
도의가 빈빈함은 승조의 덕이요、
문장이 계승함은 선현을 사모함일세。
화당의 이 설비는 참으로 드문 경사인데、
다만 소원은 高門에서 세세토록 전해질것이다。

電話∴031-875-4979
480-856 경기도 의정부시 호원동 465-14 현대아트홈 A동 302호

次杲岡回甲展感懷韻

友堂 朴文鎬

誠孝倍生回甲年
感懷風樹益悽然
芝蘭彩舞獻觴裏
寶瑟偕音宴席連
書法入神能古體
幽情恒敍學仁賢
無窮福祿今如此
餘慶津津永世傳

성효가 회갑에 배나 생기니,
풍수의 감회가 더욱 슬퍼하네.
지란은 헌상 속에 춤추고、
보슬을 해음하여 연석에 연하였다。
서법이 오묘하여 고법에 능했고,
유정은 인현 배우기에 항상 펴네。
무궁한 복록이 이제와 같으니,
여경이 진진하여 영생토록 전하리。

546-901 전남 보성군 벌교읍 지동리
電話 : 061-857-1936

次杲岡回甲展感懷韻

青岩 朴相煥

喜迓杲翁回甲年
騷人墨客頌當然
芝蘭繞砌香芬溢
琴瑟偕床福祿連
立志揚名模古聖
修身種德效先賢
儒林滿座呈詩祝
吉運洋洋百世傳

고강옹의 회갑을 반갑게 맞이하는데、
소인묵객이 칭찬함이 마땅하네。
자손이 뜰을 에워싸니 향기가 넘치고、
부부가 상을 함께하니 복록이 이었네。
입신양명은 옛 성인을 모범으로 하고、
수신종덕은 선현을 본받았네。
유림이 만좌하여 시축을 드리니、
길운이 양양하여 백세토록 전하리라。

電話∴ 010-7516-3503
680-825 울산시 남구 신정1동 533-2 세영씨티타워 803호

杲岡兪炳利回甲展感懷 538

次杲岡回甲展感懷韻

奉亭 朴淳進

杲翁回甲逈今年
老益康寧萬福然
鳳子麟孫誠盡宴
親賓戚客慶俱連
藝書展示揚號振
開院經營敎誨賢
多士瓊章爭祝賀
聖人效則大名傳

고강 옹 회갑을 금년에 맞이하니、
노익장 강녕하여 만복이 가득하도다。
자녀손자 정성을 다한 잔치 베푸니、
친빈척객이 함께 경사에 참석하네。
서예전시 다수하여 명성을 떨쳤고、
학원개원 삼십년 많은 인재 길렀도다。
많은 선비들이 축하의 경장이 다투어지니、
성인의 법을 본받아 큰 이름 전해지리라。

電話 : 010-2542-6696
714-882 경북 청도군 운문면 대천리 3길 19

次杲岡回甲展感懷韻

若石 朴龍緒

慶祝杲岡回甲年
行仁多福是當然
修齊積善千秋赫
誨育餘勳萬世連
道義宣揚先祖訓
綱常扶植後孫賢
芝蘭彩舞報恩日
壽祉康寧無限傳

고강의 회갑을 경축드림은,
인을 행하여 다복하니 당연하도다.
수신제가하고 적선하니 천년 빛나고,
교육한 공훈은 만년 이어질 것이네.
도의선양은 선조의 훈에 따르니,
강상부식으로 후손이 현명해지리
지란채무로 보은하는 날이,
수복강녕을 무한이 전하리.

760-753 경북 안동시 옥동 삼성아파트 202동 1502호
電話 : 054-858-9040

杲岡兪炳利回甲展感懷 540

次杲岡回甲展感懷韻

松翰 朴遇翰

蕪詞遠祝甲回年
海屋添籌瑞色然
隆祖簪纓承世續
名家懿範繼孫連
復興書藝稱聲大
著述詩文素志賢
由來種德誰無頌
餘慶綿綿永代傳

무사로 고강옹의 회갑을 멀리서 축하하니、
넓은 집 숫대 더하니 서광이 가득하네。
훌륭한 조상 벼슬 세세이어 오니、
명가의 아름다운 규범이 손에 연하였네。
서예를 부흥시키니 명성이 지대하고、
시문을 저술함은 소지가 어짊이로다。
유래한 종덕을 뉘 칭송치 않으랴、
여경이 면면하야 길이길이 전하리。

325-840 충남 서천군 한산면 송산리 126

次杲岡回甲展感懷韻

平軒 朴源益

誰稱耳順似靑年
筆硯名聲豈偶然
處世勤修徒弟集
安居偕老祝杯連
墨香紙上神形合
書氣堂中子女賢
四友常親相近樂
錦章繡句後人傳

누가 이순이라 칭 하리오 청년 같은데,
붓 벼루 명성이 어찌 우연이겠는가。
처세를 부지런히 닦으니 제자들 모이고、
편안하게 해로니 축배가 이어지네。
묵향 나는 종이 위에 정신육체가 합하니
글 기운 나는 집안에 자녀들 현명하네。
사우를 상친하며 가까이 하는 즐거움 속에、
비단 같은 글 문장을 후세에 전하소서。

電話 :: 010-9066-9239
158-073 서울시 양천구 신정3동 743-2 현대6차 아파트 107동 1002호

次杲岡回甲展感懷韻　　素賢 朴鍾元

平生正道六旬年
積善施仁福自然
碩士宣揚和睦在
儒風振作熱誠連
偕床寶瑞明仙客
滿案詩書學聖賢
繞砌芝蘭餘慶溢
無窮頌祝永承傳

평생정도로 육십년이시니,
적선시인하시니 자연에 복이로다.
석사 선양은 화목이 있으니,
유풍진작은 열성이 이어지도다.
해상보서는 선객에 밝음이요,
책상에 가득한 시서는 성현을 배웠고,
요체자손은 여경이 넘치고,
무궁송축은 영원히 전하도다.

電話 : 011-810-9053
767-973 경북 울진군 근남면 수산리

次杲岡回甲展感懷韻

光元 朴赫善

今値兪公回甲年
蕪詞意載祝當然
墨筵弄筆王安繼
蘭契題詩李杜連
希語一生夫婦樂
願言萬代子孫賢
鄕人不識豈無歎
此際請君消息傳

유공이 금번 회갑을 맞으니、
거친 글이나마 뜻을 실어 축하함이 당연하리。
묵연에 농필함은 왕휘지 안진경을 이었고、
난계에서 제시하니 이백과 두보를 이었네。
바라는 말은 일생동안 부부 즐겁기만 바라고、
원하는 말은 만대토록 자손 어질기를 바라네。
고향 인으로 모르고 지내니 어찌 탄식이 없으랴、
자제에 그대에게 청하니 소식전해주시요。

電話 :: 010-9906-9779
121-869 서울시 마포구 연남동 연남로 5길 21 현대하이파크 502호

杲岡兪炳利回甲展感懷 544

次杲岡回甲展感懷韻

蘭谷 裵順祚

鶴髮儀容迓甲年
蟠桃椿色自輝然
志存義氣詩文積
心在仁風竹帛連
聖訓遵行開後學
彝倫敎誨效前賢
經綸懿德成良俗
五福偕床永有傳

흰머리 털의 으젓한 회갑을 맞이하니、
반도춘색이 스스로 빛나는 모양이네.
의로운 기개의 지존이 시문에 쌓이니、
마음에 인풍이 있어 죽백에 연하였네。
성인에 훈도를 쫓아 후학을 여니、
이륜의 교회로 전현을 본받았네。
경륜의 의덕으로 양속을 이루었으니、
오복으로 해상하여 영원히 전하소서.

540-942 전남 순천시 남정동 139-8
電話 : 061-744-1344

次杲岡回甲展感懷韻

雲亭 襃然禹

杲岡德壽甲週年
黃卷盈堂學自然
琴瑟和音良俗起
椿萱奉事美風連
斯文探究效先士
法帖研修從古賢
眷率同參書藝展
高朋滿座賀詞傳

고강의 덕수 환갑을 맞는 해、
황권 영당하니 배움이 자연스럽네。
금슬화음이 양속을 일으키고、
춘훤봉사에 미풍이 이어지네。
사문을 탐구하여 선사를 본받고、
법첩을 연수하여 고현을 따르네。
가족이 서예전에 동참하니、
고붕이 만좌하여 하례하는 글 전하네。

電話 : 011-775-6922
157-230 서울시 강서구 개화동 415-12

次杲岡回甲展感懷韻　　斗山　白樂春

風采青春迓甲年
生涯翰墨品高然
驚人筆勢長年秀
泣鬼詩情永歲連
博學多聞修慕聖
勤營勉教守尊賢
家和運盛芝蘭茂
功績名聲四海傳

풍채는 청춘인데 회갑을 맞이하니、
한묵 생활에 품격이 고상하시네。
필세에 경인하니 장년에 빼어나고、
귀신도 울릴만한 시정 영세토록 이어지네。
박학다문으로 모성정신을 닦고、
근면 경영하고 힘써 존현정신 지킴일세。
가화목로 운세가 왕성해 자식 무성하고、
공적 쌓은 명성이 사해에 전하겠네。

電話 : 010-4267-7136
157-846 서울시 강서구 방화동 567-2

次杲岡回甲展感懷韻

章石 徐明澤

不斷臨池到甲年
其痕展世頌當然
養成後學師風振
崇慕先親懿德連
遊藝研書朋友樂
弘文覓句子孫賢
調和內外家庭裕
兪叟芳名久遠傳

끊임없이 글씨 쓰며 회갑이 당도하여,
그 흔적 세상에 펼치니 칭송이 당연하다。
후학을 양성하여 스승의 품격 떨쳤고,
선조를 숭모하니 의덕이 이어지네。
예술에 노닐며 연마하니 벗들은 즐겁고,
학문 넓혀 시 지으니 자손이 어질 구나。
안팎이 조화로워 가정이 넉넉하고,
유공의 명예가 오래토록 전하리。

電話 :: 010-3345-9060
480-842 경기도 의정부시 의정부1동 176-1 와석서당

杲岡兪炳利回甲展感懷 548

次杲岡回甲展感懷韻

秋溪 徐太洙

慶賀兪翁回甲年
綿綿五福壽昌然
芝蘭繞砌無窮裏
琴瑟偕床不老連
溫故知新開後學
博文約禮繼先賢
東方瑞氣長凝結
南極星光永照傳

유옹의 회갑년을 축하합니다、
면면한 오복으로 장수하고 번창하리라。
자손들 빙 둘러 무궁한 속에、
금슬이 해상하니 불노함이 이어지리。
온고지신으로 후학들 열어가니、
박문약례로 선현을 이었네。
동방의 상서로운 기운이 길게 응결하니、
남극의 성광은 영원히 비칠지다。

電話 : 010-8522-3283 052-247-3283
681-320 울산시 중구 태화동 298

次杲岡回甲展感懷韻

玄岩 蘇秉敦

臘月六花辛卯年
杲翁甲日感天然
家惟郭外無雙秀
福亦江南第一連
園裡棣香耽巨族
床頭琴韻賀群賢
願言從此體增健
筆勢雄強靑世傳

섣달의 눈보라속 신묘년인데,
고강선생 회갑맞아 천연함을 느낀다네.
집은 성곽밖에 있어 둘도 없이 빼어나고,
복은 또한 강남에서 최고로 이어졌네.
동산에 앵두꽃향기 일가친척 즐기고,
상머리에 거문고가락 현인들이 축하한다오.
원하노니 이를 따라 더욱 강건하여,
필세의 웅장함을 맑은 세상에 전하길 빈다오.

電話 : 010-5789-7726
110-320 서울시 종로구 낙원동 111-3 2003호 현암서당

次杲岡回甲展感懷韻

時隱 蘇秉昌

杲岡得數甲回年
已報劬恩行孝然
展示筆痕龍虎動
題吟詩韻海江連
綱常振作崇君子
道德宣揚效聖賢
繼往開來誰不讚
瓊章刳劂後仍傳

고강께서 득수하여 회갑을 돌아오니,
이미 부모은혜 갚았으니 효도를 행하였네.
전시한 필흔은 용호가 동함이요,
제음하는 시운은 해강처럼 이었네.
강상을 진작하여 군자를 숭상하고,
도덕을 선양하며 성현을 본받았네.
계왕성 개래하니 누가 칭찬치 않을까,
경장 옥주를 인쇄하여 후임들에게 전하리라.

電話 : 010-3673-8448 063-856-8448
570-955 전북 익산시 남중동 173-14

次杲岡回甲展感懷韻

愚儂 宋源民

杲岡已迓六旬年
五福兼全賀適然
琴瑟和音心性篤
芝蘭彩舞孝誠連
騷壇邁進高風士
書道勤修壯志賢
甲展感懷詩以頌
無窮餘慶後孫傳

고강선생이 이미 육순 년을 맞이해,
오복을 겸전하여 축복함이 당연하네.
내외분의 화음은 심정을 도탑게 하고,
자식들의 화음은 심성이 이어졌네.
시단에 매진하니 고아한 풍격의 선비라,
서도를 힘써 닦으니 장한 현인일세.
회갑전의 감회는 시로써 칭송하는데,
무궁한 여경이 후손에게 전해지네.

電話 :: 010-2083-1895
750-914 경북 영주시 휴천1동 706-3 석미모닝 아파트 101동 904호

次杲岡回甲展感懷韻

晩齊 辛在雨

杲岡喜迓六旬年
素志清高氣浩然
善率齊家和睦範
義方敎育孝忠連
筆書正法優今逸
詩賦超凡效古賢
展示切磨開後進
譽聲振世子孫傳

고강선생이 회갑을 기쁘게 맞이하니,
소지는 청고하고 기는 호연하네.
선솔 제가하여 화목의 본보기라,
의방의 교육으로 충효를 잇네.
필서는 정법이라 넉넉하게 뛰어나고,
시부는 뛰어나 고현을 본받았네.
연마한 전시는 후진을 길러내고,
진세한 예성이 자손에게 이어지길.

電話 : 010-5537-9534
403-837 인천시 부평구 산곡동 263-12 드림빌라 1동 402호

次杲岡回甲展感懷韻

隱谷 辛恒善

慶祝杲岡回甲年
以詩壽席賀欣然
治家有度安常溢
處世由仁重策連
好學多才人衆慕
盡誠習藝筆運賢
庭蘭寶樹兼全福
琴瑟相和德業傳

고강선생의 회갑을 축하하며、
시로써 수석의 기쁨을 하례하고。
치가의 법도 항상 편안함이 넘치고、
처세의 어짊이 늘 중책에 이어지네。
호학이 다재하니 모두가 사모하고、
진성 습예로 필운이 훌륭하고。
자손들 어질어 오복을 겸하였고、
부부 상화하여 덕업을 전수 했네。

電話 : 010-8572-1504
390-280 충북 제천시 자작동 359번지

次杲岡回甲展感懷韻

旴堂 安暻煥

積善杲岡回甲年
滿堂瑞氣樂當然
俱床琴瑟偕調續
繞砌芝蘭彩舞連
書藝宣揚開後學
詞章紹述繼前賢
瓊筵士友吟詩祝
餘慶綿延永世傳

적선한 고강선생 회갑을 맞이하여、
서기가 만당하여 즐겁기 한량없네。
금슬 구상에 찬미하는 곡 계속되니、
훌륭한 자녀 채무로 화려하도다。
서예를 선양하야 후학을 계도하고、
사장을 소슬하야 전형을 이어가네。
경연에 사우가 시를 읊어 축하하니、
여경이 면면하여 세상에 오래 전하리。

電話 : 02-2066-2743 02-9945-1288
423-803 경기도 광명시 광명2동 40-19

次杲岡回甲展感懷韻　　野松 安秉漢

爭困於焉忽甲年
不貪私慾意超然
勤如翠竹持心出
忍苦蒼松立志連
敦篤儒風開後學
順承古禮繼前賢
彬彬積德平生業
赫赫文章永世傳

곤궁과 다투다가 어언 회갑이 되어,
사사로운 탐욕 없이 초연한 고강선생。
부지런함은 대순처럼 지심을 나타내고,
고난 참음은 소나무처럼 입지를 갖췄네。
돈독한 유풍은 후학에게 베풀고,
순승한 옛 예를 현인처럼 이어왔네。
빈빈한 덕적은 평생 업으로 삼았으니,
혁혁한 문장은 영세토록 전하시요。

電話 : 02-2634-3010
150-834 서울시 영등포구 문래동3가 54-46 용인철강

次杲岡回甲展感懷韻

青庵 安致德

俞翁喜迓六旬年
展示開催廣告然
卓越詩才祥運繞
俊良筆法慶光連
恒時守分修身善
每事從寬處世賢
遠近儒林爭互祝
流芳華閥萬方傳

유옹이 기쁜 육순을 맞이하여、
서예전시 개최를 널리 고하였네。
탁월한 시 재주는 상서로운 운을 두르고、
준앙한 필법을 경사스런 빛으로 연하였네。
항시 분수를 지키고 수신이 선하니、
매사를 너그럽게 처세하여 어질었네、
원근의 유림이 서로 다투어 축하하니、
향기 흐르는 화벌이 만방에 전해지네。

電話 : 010-9095-2288
130-080 서울시 동대문구 이문1동 126-37

次杲岡回甲展感懷韻　　修庵 吳永鐸

奄到岡翁六甲年
童顏黑髮槀巍然
瑤琴寶瑟彩舞連
鳳子麟孫彩舞連
講述程朱開後學
探求鄒魯效先賢
老儒健壯豪鋒敏
不朽芳名永世傳

고강선생의 회갑년을 문득 맞았는데、
동안 흑발에 기품이 외연하네。
부부 금슬은 화음이 이어지니、
자손들의 채색 춤이 연이었네。
정주학을 강술하여 후학을 가르치고、
논어맹자 탐구하여 선현을 본 받았네。
노유 건장하시어 문필이 민첩하니、
불후 방명을 영세까지 전하소서。

電話 : 02-2244-4889　010-3039-4889
130-852 서울시 동대문구 전농2동 155 삼성아파트 106-503

次杲岡回甲展感懷韻

瑩峯 吳外銖

門閥儒生迓甲年
能承家學意超然
研書雅士筆名特
詠韻騷人感動連
先代兪泓忠節裔
現時學者智英賢
施仁種德偕琴瑟
雲集親朋祝賀傳

문벌 유생께서 회갑을 맞으셨으니、
가학을 이으시니 뜻이 초연하구려。
서예를 연구하는 선비로서 필명이 뛰어나고、
시를 읊는 시인으로서 감동을 이어주네。
선대에 유홍의 충절의 후예로서、
오늘날 학자로서 지영이 어질이네。
인을 베풀고 덕을 심어 부부가 해로하니、
벗들이 구름처럼 축하를 전하네。

158-075 서울시 양천구 신정동 916-12 신정빌딩
電話 : 010-9047-8280

次杲岡回甲展感懷韻

松齋 禹東鎬

杲岡雅士甲迎年
布德行仁每欣然
麟鳳歌聲長短響
賓朋祝賀遠親連
經書溫故開童學
禮典知新效聖賢
穩便儒門如此裕
詩家筆痕歲華傳

고강선생 회갑을 맞이하시니,
덕을 펴 인을 행하니 매양 흔연하네。
인봉의 노래 소리 길게 짧게 울리니,
손과 벗의 하객이 원친하게 이었네。
경서로 온고하여 동학을 열고,
예전으로 지신해 성현을 본받았네。
유문의 원만함이 이 같이 넉넉하니,
시를 지어 글을 써 세상에 전하는 구려。

電話 :: 010-3081-3117
430-835 경기도 안양시 만안구 장내로 71(안양동)

次杲岡回甲展感懷韻

道菴 兪吉植

杲岡回甲迓今年
藝術精通結好緣
書室經營誠意盡
漢詩研琢賞功連
修身四勿開童學
讀卷三餘繼聖賢
彩服芝蘭歌舞踊
雙仙彈瑟永康傳

고강의 회갑이 금년에 맞이하니、
예술의 정통하여 좋은 인연 맺었네。
서실경영은 성의를 다하고、
한시를 연탁하여 상공이 연이었네。
사물로 수신하여 아동을 가르치고、
삼여로 독권하여 성현을 이었네。
자손들 색동옷입고 가무용하는데、
부부의 금슬과 건강이 영원히 전하길。

電話 : 016-385-5512
151-811 서울시 관악구 중앙동 34-51

次杲岡回甲展感懷韻

松岩 俞內濬

杲岡甲展迓今年
雲集親朋祝賀然
學術研修頭角出
英才教育棟梁連
詩文卓越誇緣士
書道宣揚享樂賢
瑞氣充盈嘉慶溢
閥門後裔筆名傳

고강의 회갑전을 금년에 맞이하니,
운집한 친구들 축하가 그지없네。
학문을 연수하니 두각이 나타나고、
영재를 교육시키니 동량이 이어지네。
시문이 탁월하니 선비연분 자랑하고、
서예 선양으로 현인의 즐거움을 누리네.
서기가 충영하니 기쁜 일이 넘치고、
벌문의 후예로써 필명을 떨쳐 전하네。

電話 : 010-6318-6989
151-876 서울시 관악구 조원동 546-7 윤정 아파트 308호

次杲岡回甲展感懷韻

書村　兪德善

矍鑠杲岡迎甲年
賓朋頌祝總欣然
個人展示時時啓
外國交流間間連
筆法能通開後進
文章可麗繼先賢
許多弟子揚名世
懿積堂堂永遠傳

건강한 고강이 회갑을 맞이하니、
빈붕이 송축하니 모두 기쁘네。
개인 전시를 시시로 열었고、
해외 교류도 간간히 이었네。
필법이 능통하여 후진에 열었고、
문장이 가려하니 선현을 이었네。
많은 제자들 세상에 이름 날렸으니、
훌륭한 공훈 당당하여 영원히 전하리。

電話 : 011-9769-0918
137-838 서울시 서초구 방배동 867-15

次杲岡回甲展感懷韻

一竹 俞德濬

杲岡回甲迓今年
筆墨詩吟展示然
琴瑟和音偕老席
芝蘭彩舞獻觴連
三綱實踐家凡節
道德敦崇子姪賢
煙月太平康富裏
綿綿餘慶永承傳

고강이 금년 회갑을 맞이하여,
필묵과 시음으로 전시를 개최하네。
금슬이 조화로워 해로하는 좌석엔、
자손들 채무와 헌주로 이어지네。
삼강을 실천하여 가정엔 범절이 있고、
도덕을 숭상하여 자질들이 현명하네。
태평연월에 건강과 부를 누리시고、
면면한 여경을 영원히 계승하소서。

157-925 서울시 강서구 화곡7동 1075-37
電話 : 010-2787-2165 02-2602-2165

次杲岡回甲展感懷韻

秋江 兪炳圭

慶祝兪翁迓甲年
和調琴瑟必欣然
文章翰墨簪纓繼
道德儒風祖業連
赫赫詩書開後學
綿綿福祿效先賢
芝蘭睦族亦誠極
招待作家全有傳

유옹이 회갑년을 맞이함을 경축하오니、
금슬 화조하여 필연히 기쁘네。
문장과 한묵은 잠영을 계승하고、
도덕유풍은 조업을 연하였도다。
시서로 혁혁하여 후학을 열었고、
복록이 면면하여 선현을 본받았네。
지란 목족하야 역시 정성이 극진하니、
초대작가로서 온전히 전함이 있도다。

250-871 강원도 홍천군 남면 명동리 283
電話 : 033-432-4252

次杲岡回甲展感懷韻

松泉 俞完濬

俞公炳利迓回年
稱頌系孫性品然
子女孝心情道合
家庭和睦瑞應連
尊中禮義承當樂
探究斯文效古賢
德器門生千萬繼
書途立志後人傳

유공 병리께서 회갑을 맞이하니、
계손으로 칭송받을 성품이 의연하네。
자녀 효심 뜻과 길이 합하였으니、
가정의 화목은 서응이 이었네。
예의존중하는 일을 해내니 즐거웁고、
사문 탐구하는 것은 고현을 본받았네。
훌륭한 인격 제자가 천만을 이으니、
서도의 뜻을 세워 후인에게 전하길。

電話 ː 011-9930-7673
412-802 경기도 고양시 덕양구 관산동 유승아파트 102동 502호

次杲岡回甲展感懷韻 　春坡 劉永童

博學治心迓甲年
杲岡展示感怡然
蒔花種藥煙霞繞
漁水樵山歲月連
理義研磨效後世
文辭彫琢慕前賢
揚名富貴皆身外
入墨輕毫萬代傳

공부하고 마음 다스려 갑년을 맞으니、
고강의 전시에 감동이 이연하네。
꽃을 모종하고 약을 심으니 연하가 둘렀고、
어수초산하니 세월이 흘렀네。
이의 연마하니 후세가 본받고、
문사를 조탁하니 전현을 사모했네。
양명부귀는 다 몸 밖인데、
붓글씨는 만대에 전하리라。

390-0080 충북 제천시 장락동 부강타운 101-307호
電話 : 010-4942-0890

次杲岡回甲展感懷韻

蒼齋 兪永培

先生宣德甲迎年
賀客儒林滿座然
慈孝華門兄弟近
誠忠睦族子孫連
揮毫名筆自修育
秀溢文章承受賢
展示家行千世範
親朋宴會萬人傳

선생의 선덕으로 회갑을 맞이하니、
선비들 하객으로 만좌를 이루네。
자효 화문으로 형제가 가깝고、
성충목족이 자손을 이었네。
휘호의 명필은 스스로 닦아 길렀고、
탁월한 문장은 어짊을 받아 이어졌네。
가정의 행사로 회갑전은 천세에 모범이니、
친붕의 연회는 만인에게 전해지리라。

서울시 동작구 사당2동 143-4호
電話 : 010-6364-3400

次杲岡回甲展感懷韻

老村 尹秉國

杲岡回甲迓今年
祝手康寧賀洽然
弟子高堂崇拜列
騷人成市答詩連
揮揮運筆相當士
歷歷清書恰似賢
斑服兒孫嬌舞裏
畢生文蹟永懷傳

고강의 회갑을 금년 맞으니、
강녕을 축수하니 흡족히 하례를 드립니다。
제자들 서당에 경배하는 줄 늘어섰고、
소인들 성시를 이루어 답시가 이어지네。
붓을 일필휘지하니 응당 선비인 듯 하고、
역역한 맑은 글은 흡사 현자인 듯하네。
아이들 색동옷 입고 아름다운 춤추는 속에、
필생의 문적을 오래도록 품어 전하길。

電話 : 010-6250-2985
138-916 서울시 송파구 잠실3동 주공아파트 510-1406호

次杲岡回甲展感懷韻

兢齋 尹烈相

杲岡學友六旬年
從事詩書性浩然
孝奉雙親儒俗起
睦攡同氣德風連
筆才出衆冠今士
詠技超群效古賢
眷口共參開展裏
能承祖業後孫傳

고강의 학우가 육순년을맞았는데、
시와 서에 종사하여 그 성품이 호연하네。
쌍친에게 효봉하여 유가풍속 일으키고、
동기간에 화목다해 덕의 바람 이어지네。
필재가 출중하여 요즘 선비에 높앉았고、
읊는 재주 초군하여 고현을 본받았고、
식구들이 동참하여 전시를 여는 속에、
선대 업을 능히 이어 후손에게 전하리라。

電話 : 010-7216-7775
130-771 서울시 동대문구 전농2동 우성아파트 1-205호

杲岡兪炳利回甲展感懷　　570

次杲岡回甲展感懷韻

後石 李桂仁

俞公華甲六旬年
萬事從寬意豁然
彩舞盈庭琴瑟合
斑衣繞膝子孫連
東西賀客相稱德
左右來賓共讚賢
筆法超倫能振世
隨時到處大名傳

유공의 화갑이 육순 년이라、
만사를 종관하니 뜻이 활연하도다。
채무기 뜰에 차니 금슬이 화합하고、
반의가 요슬에 자손이 연하였도다。
동서의 하객은 서로 덕을 칭송하고、
좌우에 내빈이 함께 어짊을 칭찬하네。
필법이 초륜하여 능히 세상을 떨치니、
수시 도처에 대명을 전하리라。

電話 : 010-5173-4330
548-872 전남 고흥군 두원면 성두리

次杲岡回甲展感懷韻

冶石 李圭牧

杲岡善德六旬年
碩學平生未偶然
子女繁榮三族睦
琴床偕老一家連
事親行實王祥孝
崇祖隨從孟母賢
遠近賓朋詩以祝
芳名懿跡永長傳

고강의 선덕 육순 년이시니,
석학으로 평생에 우연히 아니로다.
자녀가 번영하니 삼족이 화목하고,
금상 해로하시니 일가로 이으셨네.
사친행실은 왕상에 효니、
숭조수종은 맹모에 어짊이로다.
원근에 빈붕은 시로서 축하하고、
방명 의적은 영원히 길이 전하리라。

電話 ·· 054-783-1512
767-800 경북 울진군 울진읍 읍내리 4751

次杲岡回甲展感懷韻

每泉 李光善

大燕展示竝華年
緻密無過自負然
揮筆書風流海濫
撰題詠律響天連
潛龍草體從王聖
隱士文章事孟賢
享壽禱祈重祝賀
所期目的達成傳

회갑과 전시를 아우르는 큰 잔치,
치밀하면서 넘침 없는 자부심 있는 듯.
휘필 서풍의 흐름은 바다에 넘치고,
지은 시 여울의 울림은 하늘에 이어질 듯.
서체는 왕 서성을 쫓는 잠룡이요.
문장은 공맹을 섬기는 숨은 선비요.
향수를 기원하면서 거듭 축하하며,
소기의 목적 달성하여 전하시길.

110-041 서울시 종로구 옥인6가길 47(302)
電話 : 011-744-4251

次杲岡回甲展感懷韻

小艸 李南叔

舊雨岡翁迓甲年
回頭反跡夢依然
瑕痕筆跡旗堂列
觀覽人波驛路連
墨硯千磨無失敗
紅爐百鍊有眞賢
笙歌彩舞兼詩酒
餘慶綿綿萬歲傳

옛 친구 고강의 갑년을 맞이하니,
회두 반적하니 꿈같이 의연하네.
필적의 흔적을 기당에서 벌리니,
관람인파는 역로까지 이었네.
묵연을 천마하니 실패가 없고,
홍로 백련으로 진현이 있네.
생가 채무에 시주를 겸하니,
여경이 면면하여 만세를 전하리.

電話 : 010-3285-6457
421-804 경기도 부천시 오정구 고강본동 380 상우아파트 308호

次杲岡回甲展感懷韻

默軒 李相雨

杲翁六一甲回年
白首紅顏豪華然
喜氣層生歡頌裏
瑞雲團作吉祥連
安分守道能書畫
遠俗尋眞學聖賢
夫唱婦隨偕和樂
君家春色永延傳

고옹께서 육갑 일 년 회갑을 맞아、
홍안백발이 호걸스럽기도 하네.
희기에 건강유지를 환송하는 속에、
서운이 뚜렷하게 길상을 연하네.
안분으로 도리를 지켜 서화에 능하니、
먼 속에 참됨으로 성현을 배우네.
부부간 금실 좋게 해로하니、
그대의 집안 오래도록 봄 갈으리.

電話 : 590-120 전북 남원시 왕정동 비사벌 아파트102-309
011-9731-3204   063-632-0204

次呆岡回甲展感懷韻

月浦 李壽必

呆岡穩度六旬年
華閥家門壽福然
琴瑟偕床欣樂席
芝蘭彩舞孝誠連
筆才展示人皆羨
博學能文世間賢
遠在送詩但祝願
詞林發展大功傳

고강이 온당하게 육순을 지나게 됨은、
화벌한 가문에 수복이 당연함일세。
부부가 함께 흔낙하는 자리에、
아들 딸 색동옷에 춤추며 효성을 잇네。
글씨 재주 전시함을 사람들이 부러워하고、
많이 배워서 글 잘함이 세간에 어질일세。
멀리서 시를 보내면서 다만 축원하는 것은、
유림의 발전을 원하여 큰 공을 전하기를。

電話 :: 011-9416-3913
757-922 경북 예천군 개포면 입암길 20-6

次杲岡回甲展感懷韻

光原 李泳駿

鐵樹花開回甲年
紅顏不變尚依然
博文約禮良風盛
書藝能通譽聞連
千客千朋琴瑟樂
一男一女子孫賢
徑輪卓犖修齊下
善德名聲後世傳

철수에 꽃이 피어 갑년이 돌아왔는데、
홍안은 변치 않고 옛 모습 그대로네。
박문약례로 예절을 지켜 훌륭한 양속은 성하고、
서예에 능통하여 훌륭한 평판이 이어졌네。
많은 손님 많은 벗들과 금슬을 즐기니、
일남 일녀의 자손은 어지네。
경륜이 탁월하여 수신제가하심에、
착한 덕행으로 바른 명성 후세에 전하리。

電話 : 064-794-2580
699-922 제주도 서귀포시 안덕면 사계리 2346

次杲岡回甲展感懷韻

樵田 李元義

杲岡同志六旬年
種德高門慶福然
邦內騷壇第一盛
世間藝界最鋒連
琢磨盡力崇儒學
誦讀殫誠效古賢
族戚賓朋爭賀展
流芳百歲繼承傳

고강 동지께서 육십 회갑을 맞으니,
종덕 문중에 경사와 수복이 가득하네.
우리나라 시단에 제일 왕성하고
세간에 예술계에 으뜸으로 연이었네.
갈고 닦는데 힘 다하여 유학을 숭상하여,
송독에 정성 다해 현인을 본받았네.
자손들 색동옷입고 가무용하는데,
명성을 백세토록 계승하여 전하리라.

電話 : 010-7535-3552
135-842 서울시 강남주 대치동 979-9

次杲岡回甲展感懷韻

迂耕 李一影

矍鑠韶顔六一年
浩謌斑舞摠欣然
一床硯墨清香發
四壁圖書玉案連
德行巍乎垂懿範
文章卓爾效英賢
蕪詞頌祝南山壽
但願芳名百代傳

정정하고 아름다운 용모를 갖춘 화갑에、
호방한 노래로 반무하니 모두 즐겁도다。
책상에는 연묵이 맑은 향기 발하고、
사벽에 쌓인 도서는 옥안에 이었네。
높은 덕행은 아름다운 모범 드리웠고、
우뚝한 문장은 영명한 어진이 본받았네。
무사로 남산수를 송축하오니、
바라건대 방명을 백대에 전하기를。

電話 : 010-3399-7723
412-090 경기도 고양시 덕양구 동산동 47-61

次杲岡回甲展感懷韻

松隱 李長春

歲月於焉遇甲年
無疆福祿感懷然
俞仁華閥詩書記
積德家門慶事連
二姓夫婦琴瑟樂
一床少老合心賢
子孫繁盛尤情裏
舞袖堂前萬壽傳

세월은 어느새 환갑 해를 만나고,
무강한 복록에 감회가 그러하네.
유씨의 어진 화벌은 시서를 기록했고,
덕을 쌓은 가문에는 경사가 연했네.
이성에 부부는 금실이 즐거웠고,
일상의 소노가 마음합해 어질었네.
자손이 번성하고 우정이 많은 속에,
춤추는 마루 앞에는 만수무강을 비네.

電話 : 033-591-4860
233-862 강원도 정선군 화암면 백전1리

次杲岡回甲展感懷韻

頤山 李正植

運營硯海幾經年
門下登龍樂恰然
已孟詩篇風操轉
如王筆帖道心連
展開德教模前聖
提挈彝倫尚古賢
鳳蘭彩舞津津興
願情能傑志行傳

서실 운영하신지 몇 년이 경과 했던가、
문하생들 등용하니 즐거움 흡연하시리。
시편은 이미 맹호연의 풍조가 구르고、
필첩은 마치 왕휘지의 도심에 이었네。
덕교를 전개함이 전성을 닮았고、
이륜을 지녀 행함이 고현을 숭상하네。
봉린 지란이 채무하여 흥이 진진한데、
원정은 능히 걸차게 志행을 전하리。

電話∴010-4784-6835
139-240서울 노원구 동일로 198길 24 우성아파트 102동405호

次杲岡回甲展感懷韻

又泉 李鍾寓

遽聞兪翁迓甲年
鐵花滿發倍新然
芝蘭秀氣東西泛
琴瑟和聲上下連
博識專心師好學
奇才盡力士矜賢
雄文健筆華千壁
遠送詩箋賀意傳

들건대 유옹이 회갑을 맞았다니、
만발한 철수화가 두 배로 새로우리。
지란의 수기가 동서로 풍기고、
금슬의 화성이 상하로 연했네。
박식한데 전심하여 호학하는 스승 되고、
기재로써 진력하니 자랑스러운 선비로세。
웅문 건필이 벽마다 화려한데、
멀리서 시로 글을 써 하의를 전하오。

電話 : 010-8947-8793
215-821 강원도 양양군 손양면 수여리 58

次呆岡回甲展感懷韻

佳林 李重教

呆翁當到六旬年
書界揚名是適然
筆法驚人祥氣列
文章振世瑞星連
偕床琴瑟融和美
繞砌芝蘭俊傑賢
遠近詩朋爭賀慶
無窮福祿子孫傳

고강선생 회갑 년을 맞이하여、
서예계에 명성 떨침이 당연 하구나。
놀라운 필법에 상서로운 기운 늘어섰고、
진세의 문장은 상서로운 별로 이어지네。
해상하시는 내외분 융화는 아름답고、
섬돌을 두르는 듯 자손들 어질고 준걸하니
원근의 시붕들 다투어 축하하는데、
무궁한 복록이 자손들에게 전해지리라。

電話 : 010-3482-4036
137-844 서울시 서초구 방배1동 효령로 25길 57호

次杲岡回甲展感懷韻

星巖 林虎穆

鐵樹花開祝甲年
生平歷路石峰然
江湖共賀詩文績
琴瑟相和福祿連
學院常歡門下秀
家庭又樂子孫賢
高懸作品輝煌裏
必有名聲後世傳

철수화가 핀다는 회갑을 축하드리니,
평소에 지내온 길이 석봉과 같으니.
강호에서 함께 축하하는 시문이 이어지니,
부부가 서로 화목하니 복록이 이어지네.
학원에서는 항상 제자들이 빼어나 기쁘고,
가정에서는 자손들이 어질어 즐겁네.
높게 걸린 작품들이 빛나는 속에,
반드시 명성이 후세에 전해질 것이리오.

電話 :: 010-5223-3071
140-897 서울시 용산구 효창동 5-364

次杲岡回甲展感懷韻

松原 張極允

六十光陰始到年
施仁積善偶天然
修身有篤心常樂
處世無難德義連
好學研磨從古士
崇儒探究效先賢
孝親敎子家庭睦
慶日綿綿永歲傳

육십년 세월이 비로소 맞이하니、
인을 베푼 적선이 우천연이로다。
수신이 독실하여 마음은 항상 즐겁고、
처세는 무난하니 덕의로 이었네。
호학 연마는 옛 선비 쫓았고、
숭유탐구는 선현을 본받았네。
교자가 효친하시니 가정이 화목하고、
경일은 면면히 영세로 전하리라。

767-873 경북 울진군 근남면 수곡리
電話 : 054-782-2844

次杲岡回甲展感懷韻

德山 張相閭

杲岡善德六旬年　고강선생 선덕으로 육십년이시니,
雅士施仁福自然　아사께서 인을 펴시니 복이 오도다.
暢達文明家業繼　창달 문명은 가업을 이으시니,
專承理學塾堂連　전승 이학은 서당으로 이어오도다.
儒風振作研墳典　유풍진작은 분전을 연구하고,
吾道宣揚效聖賢　오도선양은 성현을 본받았도다.
琴瑟同床門閥赫　금슬동상하시니 문벌이 빛나니,
子孫出衆禮儀傳　자손이 출중하니 예의가 전하도다.

電話 : 054-782-1157
767-805 경북 울진군 울진읍 읍내리 559-23

杲岡兪炳利回甲展感懷　586

次杲岡回甲展感懷韻

荷潭 全圭鎬

於焉辰歲作華年
相與臨書志決然
勤苦至今揮筆妙
暇時親古誦詩連
桑揄執杖隨才持
髫亂如友慕聖賢
是日壽筵開展示
手痕名品永延傳

어언 용띠의 해되어 환갑이 돌아왔고,
서로 같이 임서하며 뜻을 굳게 하였네.
지금까지 근고하니 붓글씨 묘하고,
시간 내어 고문과 친하니 한시도 잘 짓네.
만년에는 지팡이 짚은 재지가 따르고,
소시 때 벗과 같이 성현을 사모하기도 했다네.
이날의 수연에 전시를 여니,
직접 쓴 명품은 길이 후손에게 전하겠지.

電話 : 010-7705-3832
110-320 서울시 종로구 낙원동 58 종로오피스텔 1222호

次杲岡回甲展感懷韻

素齋 丁奎昌

鐵樹花開迓吉年
仁人壽福受當然
瑤琴共榻情緣篤
麟鳳趨庭孝悌連
能筆能文陶後學
多才多技繼前賢
極星朗照興祥處
詩禮高門慶事傳

철수에 꽃이 피어 길년을 맞이하니、
어진사람이 수복을 받는 것이 당연하도다。
요금이 공탑하니 정연이 도탑도다、
인봉이 추정하니 효제가 연하였도다。
능필 능문 하여 후학을 가르치고、
다재 다기하여 전현을 계승하도다。
남극노인성이 밝게 비춰 상서로움이 있는 곳에、
시례의 고문에 경사를 길이 전하리라。

電話 : 02-2645-5050
158-757 서울시 양천구 목1동 목동아파트 710동 208호

次杲岡回甲展感懷韻

梧鳳 鄭得采

鐵樹花開耀此年
德門和氣倍添然
壬辰壽酌誠稀世
杲老書圖笑萬連
遠近親知千客覺
東西硯友滿堂賢
先人崇慕塵埃濯
餘慶君家永帶傳

철수 꽃이 피어 이해에 빛나니,
덕문에 화한 기운 더욱 더하네.
임진년 수 잔치 세상에 드물고,
고옹의 서예작품 만인을 즐겨주네.
원근의 친지들 천객을 깨우치고,
동서의 연우들 만당에 넉넉하네.
선대를 숭모하며 진애를 씻고,
그대 집 남은경사 길이길이 누리리라.

電話 : 061-360-5053
516-911 전남 곡성군 옥과면 옥과리 153-3

589 杲岡兪炳利漢詩壬辰集

次杲岡回甲展感懷韻

翠松 鄭鳳愛

鐵樹花開迓甲年
三條立志可成然
芝蘭膝下吟歌續
琴瑟床中獻酒連
學問扶持從古聖
儒風守護效先賢
生涯翰墨如仙境
壽福康寧永世傳

화목함과 건강 속에 마땅히 회갑을 맞아、
유어예의 삼절을 이루며 회갑전을 펼치네。
우애와 효도의 자식들은 축가가 한창이고、
금슬의 잔치자리엔 하례주가 이어지네。
학문에 정진하며 옛 성현을 쫓고、
유풍을 고수하여 선현의 뜻 본받네。
평생을 시서화와 함께하며 신선처럼 사니、
수복강녕을 이루어 후세에 선비로 남으리。

경기도 수원시 권선구 호매실동 삼익아파트 202동 413호
電話 : 031-295-2277

次杲岡回甲展感懷韻

清軒 鄭相鎬

謫降杲岡迎甲年
展開傑作世超然
彬彬賀客恒場滿
赫赫瓊章亦壁連
書法能通培後學
詩風可起繼先賢
也知翰墨名聲振
遠近賓朋祝意傳

적강한 고강께서 갑년을 맞이하여、
전시회를 개최하니 걸작들 세속을 초월했네。
빈빈한 하객들은 전시장에 가득하고、
혁혁한 경장들 벽면에 이어졌네。
서법이 능통하여 후학을 길렀고、
시풍을 일으켜서 선현을 이었네。
가히 알리라 한묵의 명성을 떨쳤으니、
원근의 빈붕들 축하의 뜻 전하네。

760-912 경북 안동시 와룡면 지내2리 345번지
電話 : 010-8555-2168 054-857-2168

次杲岡回甲展感懷韻

蒼巖 鄭在七

勤勉生涯到甲年
完成志業譽輝然
有文有筆垂功赫
無慾無私積德連
仁義廣施明聖訓
詩書精進效儒賢
雙仙萬壽庭和樂
不朽芳名永世傳

근면한 생애에 회갑년이 이르니,
지업을 완성하여 명예가 빛나도다.
글이 있고 붓이 있어 남긴 공이 빛나고,
욕심 없고 사심 없어 쌓은 덕이 이어지네.
인의를 광시하여 성훈을 밝히셨고,
시서를 정진하여 유현을 본받았네.
쌍선께서 만수하고 가정이 화락하며,
불후의 방명을 영세토록 전하소서.

電話 :: 019-224-9272
135-500 서울시 강남구 대치2동 511 미도아파트 111동 902호

杲岡兪炳利回甲展感懷 592

次杲岡回甲展感懷韻

牛耕 鄭鉉培

恭儉杲岡回甲年
崇儒敬祖每欣然
寬仁處世孝忠合
翰墨超凡儀禮連
衷心教化開來學
篤志勤行繼往賢
華門積德平安裏
遠近詞林慶賀傳

공검한 고강선생님의 회갑을 맞아、
숭유경조에 매상 기뻐하였고。
관인한 처세에 효충에 적합하였고、
한묵은 초범하여 의례에 연하도다。
충심으로 교화하니 래학을 열었고、
독지 근행은 옛 현인을 계승하였다。
화문에 적덕으로 편안한 속에、
원근에 시인들의 축하가 전하여 오네。

電話 : 010-7480-7696
152-772 서울시 구로구 신도림동 312-17 우성아파트 101-1409호

次杲岡回甲展感懷韻

修堂 諸明秀

杲岡壽域甲回年
綠髮紅顏氣浩然
筆蹟潛龍王柳續
詩功活達宋唐連
廣交碩學親仁士
多濟風流友德賢
恒就淸緣從五福
殫誠慶日永情傳

고강 수역이 갑회년을 맞으니、
녹발 홍안에 호연한 기상이로다。
필적은 용이 잠겨있는 듯 왕羲를 이었고、
시공은 활달하여 송나라 당나라를 연했네。
넓게 석학을 사귀어 어진선비 친했고、
많은 풍류를 제도하여 덕현을 벗했네。
항상 청연에 나아가 오복이 따르니、
정성 다하는 경일 영원한 뜻 전하리。

電話 : 010-9308-4162
638-952 경남 고성군 대가면 척정리 873

次杲岡回甲展感懷韻

如泉 曺校煥

節用光陰價甲年
致功多大溢歡然
筆疑卓越鍾王續
詩欲完全李杜連
八斗文章嘆累士
十分知識等群賢
自吟自寫盛開展
名句墨痕千歲傳

시간을 아껴 써와 회갑나이 갔있는데,
이룬공 다대하여 기쁨이 넘치도다.
필세는 탁월하여 종요 왕휘지를 잇고,
시율은 완전하여 이백과 두보를 이었네.
훌륭한 문장은 여러 선비 찬탄하고,
심오한 지식은 군현들과 동등하네.
손수 짓고 손수 써서 전시회 개최하니,
좋은 글귀 먹의 흔적 오래도록 전하리.

電話 : 010-9284-6084
137-890 서울시 서초구 양재천로 107-12

次杲岡回甲展感懷韻

昶海 趙晟澤

仁人積德六旬年
謹祝康寧喜自然
琴瑟和成家族睦
鳳麟友愛代續連
瓊章絶筆俱稱頌
盡力崇儒似大賢
雖居塵世可謂仙
瑞光富貴永承傳

어진사람 덕을 쌓아 환갑을 맞이하여,
건강하시기를 근축하니 스스로 기뻐지네.
부부가 화락하고 가족 모두 화목하고,
자식들 우애함이 대를 이어 계속되네.
뛰어난 서사와 붓글씨를 모두가 칭송하니,
진력으로 공부자를 받드니 마치 대현 같네.
비록 진세에 살지만 가히 신선이라 말하니,
부귀와 서광이 영세토록 전승하네.

電話 : 010-8991-2525
152-082 서울시 구로구 고척2동 323-2 그랜드 아파트 103호

杲岡兪炳利回甲展感懷　596

次杲岡回甲展感懷韻

耕雲 趙漢弘

杲岡儀態似丁年
迎甲文華益燦然
揮灑裁詩丹壑窈
吟脣成句玉峰連
嫉非好善開同學
激濁清揚繼往賢
泣鬼警神如太白
邦彦椽筆語難傳

고강 선생의 의태는 장년과 같아서、
갑년을 맞아 문화가 더욱 찬연하고나。
붓을 휘둘러 시를 지으면 단학처럼 그윽하고、
입술을 읊어 장구를 이뤄 옥봉에 이었네。
그른 것을 싫어하고 선이 좋아 동학을 이끌고、
격탁하고 맑은 것을 드날려 옛 성인 잇네、
귀신이 울고 놀라는 글귀는 태백과 같은데、
큰 선비의 훌륭한 글씨를 말로 전할 수 없구나。

158-827 서울시 양천구 신월1동 122-23
電話 : 011-324-5801

次杲岡回甲展感懷韻

滄海 池載熙

鐵樹花開是好年
杞溪鳴閥益光然
一床翰墨王顏展
半榻詩書孔孟連
世守敬仁先蔭重
家承孝友後孫賢
創新法古無偏敎
三絶名聲四海傳

철수에 꽃이 피는 이 좋은 해 맞으니、
기계유씨 명문가에 빛이 더욱 나네。
상위에 한묵은 왕휘지 안진경의 펼침이요、
반탑의 시서는 공맹의 이음이네。
대대로 경인을 지켜 선대음덕 중후하고、
가문에 효우이어 후손이 현명하네。
법고창신으로 치우침 없이 몸 바치니、
시서화 삼절 명성 사해에 전해지네。

電話 : 017-723-1155   02-723-1155
110-035 서울시 종로구 옥인동 47-271

杲岡兪炳利回甲展感懷

次杲岡回甲展感懷韻

錦泉 車周燮

杲岡雅士甲筵年
書藝名聲最燦然
往昔事師修學勉
至今誨弟育英連
芝蘭茂盛青氈繼
琴瑟和鳴婦道賢
偕老壽康兼萬福
淸閒歲月久安傳

곧은 선비 고강의 회갑잔치 맞는 해에、
서예 그 명성은 찬란하게 빛났도다。
지난날 스승 모셔 학문수련 힘썼고、
지금은 제자훈도 육영에 연속이네。
슬하에 자손은 가업을 이어가고、
부부간 원만하니 부도의 현명함이요。
장수와 건강으로 해로하고 만복을 겸하니、
신선같은 세월을 오래 편안 하시 길。

電話 : 010-8935-4945
151-061 서울시 관악구 인헌동 1650-14

次杲岡回甲展感懷韻

韶史 蔡舜鴻

俞叟於焉六一年
仁人得壽理當然
高門溢喜良風起
華閥遺芳古訓連
畫刻能磨承老士
詩書好學法先賢
眞情祝賀心中裏
富貴康寧永歲傳

고강선생이 어언 회갑 년이 되었으니
어진 사람이 수를 얻음은 당연한 이치네、
고문에 넘치는 기쁨 양풍을 일으키고
화벌에 남긴 명예 옛 교훈 이어가네。
노사를 이어 그림과 각을 연마하였고
선현을 본받아 시서의 배움 좋아하였네
마음속으로 진정 축하를 하는 것은
부귀 강녕이 영원히 전해지는 것을 뿐。

電話 : 010-2326-2076
442-180 경기도 수원시 팔달구 정조로 848-1

次杲岡回甲展感懷韻

省齋 蔡完植

杲岡好逑六旬年
四友常親性浩然
振世詩書文德赫
承家孝悌禮儀連
筆才卓越從先士
韻學高超效古賢
琴瑟偕床開展示
儒林頌祝永相傳

고강선생이 육순 년을 좋게 맞았고
문방사우와 상친하니 성품이 호연하네.
시서가 세상에 떨치니 문덕이 빛나고,
효제가 가문을 이어 예의를 이었네.
필재가 탁월함은 선사를 쫓았고,
운학이 고초함은 고현을 본받았네.
금슬이 해상하여 전시를 여니,
유림이 송축하여 영원히 서로 전하네.

電話 : 010-7963-1927
130-080 서울시 동대문구 이문로 9길 99 현대그린빌라 A동 105호

次杲岡回甲展感懷韻

又耕 崔東燮

杲岡傑士六旬年
積德之家慶有然
琴瑟同床歌舞樂
賓朋滿座詠觴連
敬宗睦族承先業
好學崇儒繼古賢
翰墨生涯揮健筆
瓊章玉句後昆傳

고강 걸사께서 회갑을 맞이하니,
덕이 쌓인 가운데 경사 있음 당연하네。
부부가 동상하니 가무가 즐겁고,
빈붕이 만좌하니 영상이 이어지네。
경종과 목족으로 선업을 이어가니,
호학과 숭유로 고현을 계승했네。
한묵의 생애를 건필로 휘호하니,
경장 옥구를 후손에게 전하소서。

電話 : 010-9195-8954
157-811 서울시 강서구 공항로 15길 23번지

次杲岡回甲展感懷韻

溪山 崔載閨

杲岡慶祝甲回年
處世寬仁篤粹然
書藝專工先導進
詩壇得趣樂歡連
審査判定無違士
種德齊家有志賢
傑作多能爲展示
行呈斯道萬人傳

고강선생 회갑 년을 맞아 경축하며、
처세에 관인하여 수연이 인정이 많네。
서예전공하여 앞에서 인도해 나가고、
시단에 취미를 얻어 환락을 이어가네。
작품심사 판정에 어김없는 선비요、
덕을 심어 재가에 뜻이 있는 어짊이네。
재능 많아 좋은 작품으로 전시를 여니、
학문을 닦은 도덕 만인에 전해지네。

100-456 서울시 중구 신당6동 52-16
電話 : 010-3158-8597

次杲岡回甲展感懷韻

小峯 許範亮

算周花甲樂延年
五福兼全慶自然
氣吐烟雲書畫發
胸藏邱壑篆雕連
仙家鶴紀精神淨
壽世鴻文事業賢
玉樹芝蘭稱頌裏
名門學德四隣傳

화갑이 돌아와 즐거움을 맞는 해에、
오복을 겸전하니 경사가 자연스럽고。
기가 연운을 토하니 서화가 피어나고
가슴에 감추 구학은 전각으로 이어졌네
선가에 학의 바탕 정신이 맑고、
수세의 대문장 사업이 어질도다。
제자와 친구들 칭송하는 가운데、
명문의 학덕을 사린에 전하네。

電話 : 02-3293-1419
130-081 서울시 동대문구 이문 1동 중앙하이츠 102-602

杲岡兪炳利回甲展感懷 604

次杲岡回甲展感懷韻

松巖 洪東杓

杲岡善德六旬年
福祿家庭瑞必然
琴瑟偕床和睦樂
芝蘭繞砌孝廉連
崇儒盡力無雙士
尊祖傾誠第一賢
賓客盈堂聲祝賀
名門代代永長傳

고강선생의 선덕이 육순 년이시니,
복록가정에 필연이 상서롭더라.
금슬해상하시니 화목에 즐겁고,
지란요체하시니 효렴이 이었도다.
숭유진력하시니 들도 없는 선비오,
존조경성으로 제일 어질었네.
빈객이 영당하니 축하의 소리라,
명문은 대대로 영원히 전하리라.

767-802 경북 울진군 울진읍 고성2리
電話 : 011-534-1101

次杲岡回甲展感懷韻

鳳皐 黃龍坤

慶賀杲岡華甲年
一生修學績昭然
佳詩麗句吟壇就
雄筆揮毫展室連
堂上彈琴夫婦樂
庭前獻酒子孫賢
王羲太白名稱得
文翰家聲萬歲傳

고강선생 회갑을 경하하니,
일생동안 수학한 공적 소연하고.
가시 여구로 음단에 나가시니,
응필 휘호는 전시실에 연하였네.
당상에 거문고타는 부부 즐겁고,
정전에 잔 올리는 자손이 어짊이라.
왕희지 이태백 명칭을 득하니,
문한 가성이 오래도록 전하리.

電話 : 054-932-7997
719-820 경북 성주군 벽진면 봉학3길 4호

略 歷

姓　　　名：俞炳利 YOO BYUNG LEE
雅　　　號：呆 岡 KO GANG(竹原·雲淨·無虛)
堂　　　號：享樂齋
生年月日：1952年 1月15日
出 生 地：京畿道 驪州郡 大神面 桂林里 61番地出生
自　　　宅：大韓民國 首爾市 冠岳區 聖賢洞 一斗 APT 3棟 609號
書　　　室：大韓民國 首爾市 九老區 開峰2洞 403-141
電　　　話：自)02-884-4495 社)02-2682-9925 FAX)02-2682-9925
　H．P　：011-476-4495
　E-mail：kg4495@naver.com
　www　：www.kogangart.co.kr, 전각.net, 서각.net

▌師 事

漢　　　文：道岩 曺國煥先生 師事
書　　　藝：如初 金膺顯先生 師事
四　君　子：九堂 李範載先生 師事
漢　　　詩：曉山 金重錫先生 師事
　　　　　　農山 鄭充洛先生 師事

- 韓國書藝協會 招待作家, 理事 · 書刻分科委員長 歷任
- 韓國書刻協會 招待作家, 副理事長 歷任
- 國際刻字聯盟 常任理事 歷任
- 書協 서울支會 招待作家·理事, 副支會長 歷任
- 韓國書文會長 · 辰墨會長 · 九路書藝家協會長
- 韓國篆刻學會 會員　　　· 國際書法聯盟 會員
- 韓國書刻學會 會員　　　· 韓國漢詩協會 會員
- 大韓漢詩學會 會員
- 第7回 大韓民國琴坡書藝大展 文化觀光部長官賞 受賞
- 第9回 韓國漢詩協會 紙上白日場 入選(韓國漢詩協會)
- 第9回 韓國漢詩協會 現場白日場 佳作賞(韓國漢詩協會)
- 第1回 軍浦八景告知 漢詩公募 佳作賞(軍浦文化院)
- 第3回 先農檀全國漢詩白日場大會 參榜(大韓漢詩學會)
- 第1回 成均館 進士, 生員試 白日場 入選(成均館)
- 大韓漢詩學會 定期詩會 次下(大韓漢詩學會)
- 第6回 先農檀全國漢詩白日場大會 佳作賞(大韓漢詩學會)
- 第18回 韓國漢詩白日場 佳作賞(韓國漢詩協會)

▌著 書

- 「篆書基礎 및 石鼓文」, 「漢文 初級編」, 「漢詩 一·二集」, 「詩書畵刻集」, 「自作 漢詩, 詩書畵刻集」

印刷日	二〇十二年 二月 十一日
發行日	二〇十二年 二月 十五日

杲岡 漢詩集

著　者　俞　炳　利
　　　　서울시 冠岳區 聖賢洞 一斗Ⓐ 三棟 六〇九號
　　　　電話(自宅)〇二-八八四-四四九五
　　　　　(書室)〇二-二六八二-九九二五
　　　　H·P　〇一一-四七六-四四九五
　　　　FAX　〇二-二六八二-九九五五
　　　　E-mail : kg4495@naver.com

發行處　梨花文化出版社
　　　　登錄番號 第三〇〇-二〇〇四-六號
　　　　서울特別市 鐘路區 內資洞 一六七-二番地
　　　　電　話　〇二-七三八-九八八五
　　　　FAX　〇二-七三八-九八八七

正價 : 三〇,〇〇〇원

※ 파본 및 잘못된 책은 복사나 구입처에서 교환해 드립니다
　본 서집은 저작권법에 따라 저자의 허락없이
　무단 복사나 복제를 금합니다.